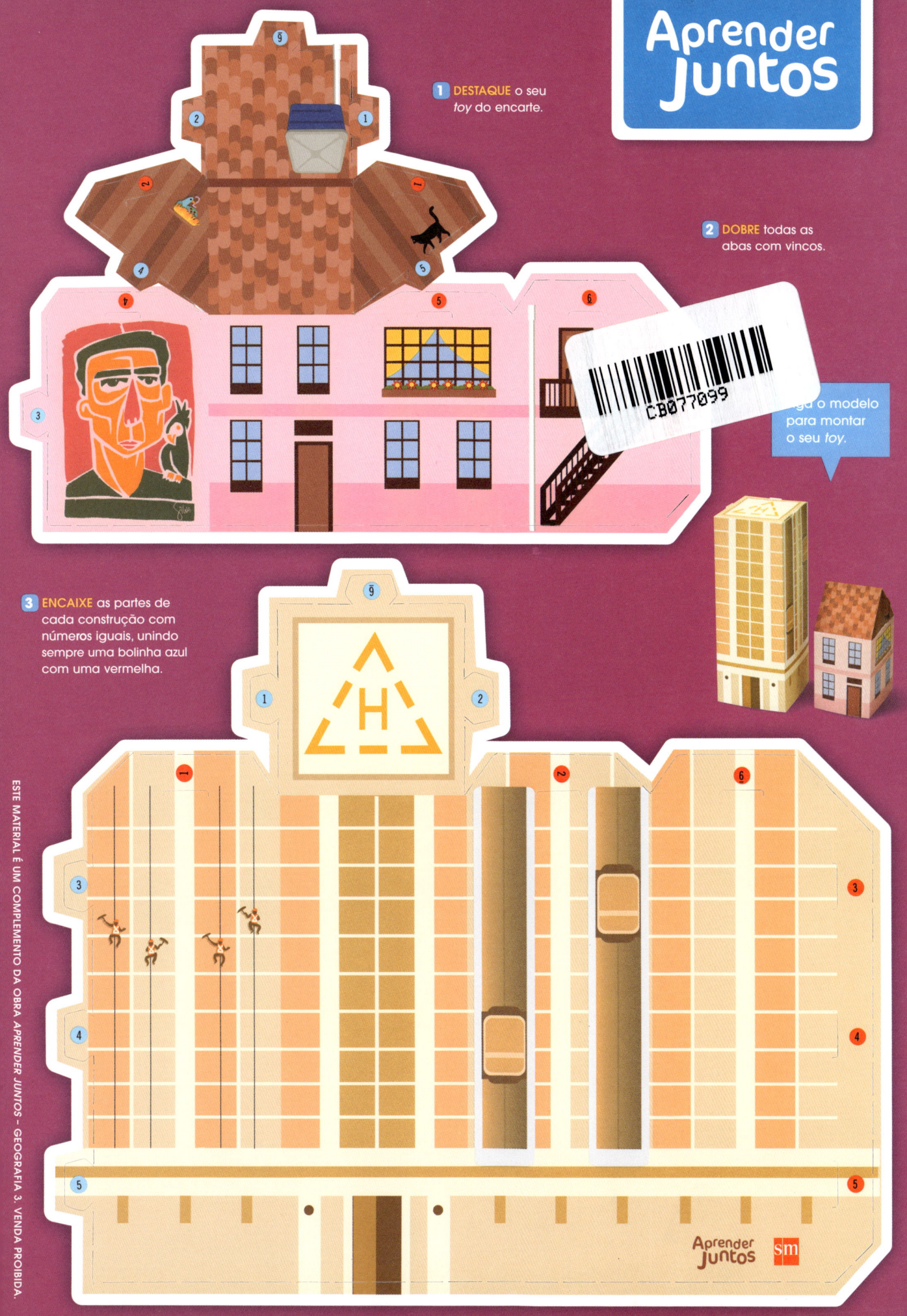

Caro aluno, seja bem-vindo!

A partir de agora, você tem a oportunidade de estudar com uma coleção didática da SM que integra um conjunto de recursos educacionais impressos e digitais desenhados especialmente para auxiliar os seus estudos.

Para acessar os recursos digitais integrantes deste projeto, cadastre-se no *site* da SM e ative sua conta.

Veja como ativar sua conta SM:

1. Acesse o *site* <www.edicoessm.com.br>.
2. Se você não possui um cadastro, basta clicar em "Login/Cadastre-se" e, depois, clicar em "Quero me cadastrar" e seguir as instruções.
3. Se você já possui um cadastro, digite seu *e-mail* e sua senha para acessar.
4. Após acessar o *site* da SM, entre na área "Ativar recursos digitais" e insira o código indicado abaixo:

AJGEO-A3FVZ-5N4JA-4NRKP

Você terá acesso aos recursos digitais por 12 meses, a partir da data de ativação desse código.

Ressaltamos que o código de ativação somente poderá ser utilizado uma vez, conforme descrito no "Termo de Responsabilidade do Usuário dos Recursos Digitais SM", localizado na área de ativação do código no *site* da SM.

Em caso de dúvida, entre em contato com nosso **Atendimento**, pelo telefone 0800 72 54876 ou pelo *e-mail* atendimento@grupo-sm.com ou pela internet <www.edicoessm.com.br>.

Desejamos muito sucesso nos seus estudos!

Requisitos mínimos recomendados para uso dos conteúdos digitais SM

Computador	Tablet	Navegador
PC Windows • Windows XP ou superior • Processador dual-core • 1 GB de memória RAM **PC Linux** • Ubuntu 9.x, Fedora Core 12 ou OpenSUSE 11.x • 1 GB de memória RAM **Macintosh** • MAC OS 10.x • Processador dual-core • 1 GB de memória RAM	**Tablet IPAD IOS** • IOS versão 7.x ou mais recente • Armazenamento mínimo: 8GB • Tela com tamanho de 10" **Outros fabricantes** • Sistema operacional Android versão 3.0 (Honeycomb) ou mais recente • Armazenamento mínimo: 8GB • 512 MB de memória RAM • Processador dual-core	**Internet Explorer 10** **Google Chrome 20** ou mais recente **Mozilla Firefox 20** ou mais recente Recomendado o uso do Google Chrome Você precisará ter o programa Adobe Acrobat instalado, *kit* multimídia e conexão à internet com, no mínimo, 1Mb

Aprender juntos

GEOGRAFIA 3

ENSINO FUNDAMENTAL
3º ANO

São Paulo,
5ª edição
2016

LEDA LEONARDO DA SILVA
- Bacharela e licenciada em Geografia pela Universidade de São Paulo (USP).
- Professora de Geografia no Ensino Fundamental e Médio.

ORGANIZADORA: EDIÇÕES SM
Obra coletiva concebida, desenvolvida e produzida por Edições SM.

Aprender Juntos – Geografia 3
© Edições SM Ltda.
Todos os direitos reservados

Direção editorial	Juliane Matsubara Barroso
Gerência editorial	José Luiz Carvalho da Cruz
Gerência de *design* e produção	Marisa Iniesta Martin
Coordenação pedagógica	Regina de Mello Mattos Averoldi
Edição executiva	Robson Rocha
	Edição: Mayra Moura, Camila Duarte
	Apoio editorial: Flávia Trindade, Camila Guimarães
Coordenação de controle editorial	Flavia Casellato
	Suporte editorial: Alzira Bertholim, Camila Cunha, Giselle Marangon, Mônica Rocha, Talita Vieira, Silvana Siqueira, Fernanda D'Angelo
Coordenação de revisão	Cláudia Rodrigues do Espírito Santo
	Preparação e revisão: Ana Catarina Nogueira, Eliana Vila Nova de Souza, Fátima Valentina Cezare Pasculli, Lu Peixoto, Mariana Masotti, Sâmia Rios, Taciana Vaz, Valéria Cristina Borsanelli Marco Aurélio Feltran (apoio de equipe)
Coordenação de *design*	Rafael Vianna Leal
	Apoio: Didier Dias de Moraes e Debora Barbieri
	Design: Leika Yatsunami, Tiago Stéfano
Coordenação de arte	Ulisses Pires
	Edição executiva de arte: Melissa Steiner
	Edição de arte: Wilians dos Santos Joaquim
Coordenação de iconografia	Josiane Laurentino
	Pesquisa iconográfica: Bianca Fanelli, Susan Eiko, Caio Mazzilli
	Tratamento de imagem: Marcelo Casaro
Capa	Estúdio Insólito e Rafael Vianna Leal sobre ilustração de Carlo Giovani
Projeto gráfico	Estúdio Insólito
Papertoys	Ilustração e planificação: O Silva
	Apoio para orientações pedagógicas: Ana Paula Barranco e Maria Viana
Editoração eletrônica	Tarumã Editorial
Ilustrações	Alex Argozino, AMj Studio, Claire A. Nivola, Ilustra Cartoon, Jótah, Mirella Spinelli, Thiago Lyra, Vicente Mendonça
Fabricação	Alexander Maeda
Impressão	Corprint

Dados Internacionais de Catalogação na Publicação (CIP)
(Câmara Brasileira do Livro, SP, Brasil)

Silva, Leda Leonardo da
   Aprender juntos geografia, 3º ano : ensino fundamental /
Leda Leonardo da Silva ; organizadora Edições SM ; obra
coletiva concebida, desenvolvida e produzida por Edições
SM ; editor responsável Robson Rocha. – 5. ed. –
São Paulo : Edições SM, 2016. – (Aprender juntos)

   Suplementado pelo Guia Didático.
   Vários ilustradores.
   Bibliografia.
   ISBN 978-85-418-1444-7 (aluno)
   ISBN 978-85-418-1446-1 (professor)

   1. Geografia (Ensino fundamental) I. Rocha, Robson.
II. Título. III. Série.

16-03898   CDD-372.891

Índices para catálogo sistemático:
1. Geografia : Ensino fundamental 372.891

5ª edição, 2016
2ª impressão, 2017

Edições SM Ltda.
Rua Tenente Lycurgo Lopes da Cruz, 55
Água Branca 05036-120 São Paulo SP Brasil
Tel. 11 2111-7400
edicoessm@grupo-sm.com
www.edicoessm.com.br

Apresentação

Caro aluno,

Este livro foi cuidadosamente pensado para ajudá-lo a construir uma aprendizagem sólida e cheia de significados que lhe sejam úteis não somente hoje, mas também no futuro. Nele, você vai encontrar estímulos para criar, expressar ideias e pensamentos, refletir sobre o que aprende, trocar experiências e conhecimentos.

Os temas, os textos, as imagens e as atividades propostos neste livro oferecem oportunidades para que você se desenvolva como estudante e como cidadão, cultivando valores universais como responsabilidade, respeito, solidariedade, liberdade e justiça.

Acreditamos que é por meio de atitudes positivas e construtivas que se conquistam autonomia e capacidade para tomar decisões acertadas, resolver problemas e superar conflitos.

Esperamos que este material didático contribua para o seu desenvolvimento e para a sua formação.

Bons estudos!

Equipe editorial

Ilustra Cartoon/ID/BR

Conheça seu livro

Conhecer seu livro didático vai ajudar você a aproveitar melhor as oportunidades de aprendizagem que ele oferece.

Este volume contém quatro unidades, cada uma delas com três capítulos. Veja como cada unidade está organizada.

Abertura da unidade

Grandes imagens iniciam as unidades. Aproveite para fazer os primeiros contatos com o tema a ser estudado.

Início do capítulo

Essa página marca o início de um novo capítulo. Textos, tabelas, imagens variadas e atividades vão fazer você pensar e conversar sobre o tema.

Desenvolvimento do assunto

Os textos, as imagens e as atividades dessas páginas permitirão que você compreenda o conteúdo que está sendo apresentado.

Glossário

Uma breve explicação de algumas palavras e expressões que podem não ser usadas no seu dia a dia.

Sugestão de *site*

Aqui você vai encontrar sugestões de *sites* relacionados ao assunto que está sendo estudado.

Alfabetização cartográfica

Com os textos e as atividades da seção **Representações** você vai aprender a representar cartograficamente o mundo a sua volta.

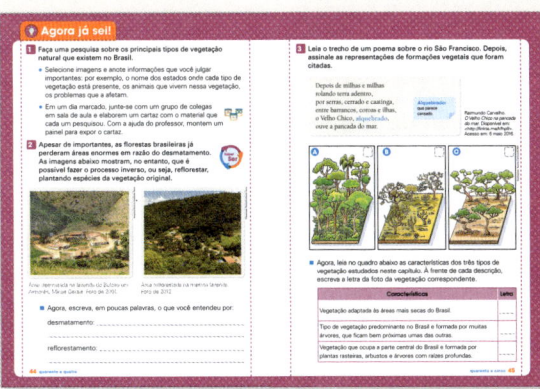

Finalizando o capítulo

As atividades da seção **Agora já sei!** são uma oportunidade para rever os conteúdos do capítulo.

Finalizando a unidade

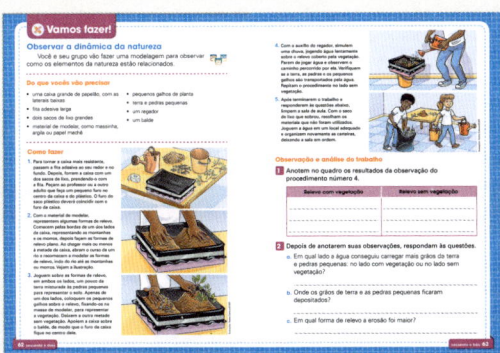

As atividades práticas propostas na seção **Vamos fazer!** vão ajudar você a entender melhor os assuntos.

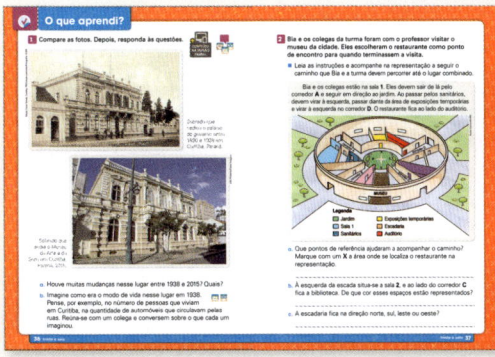

A seção **O que aprendi?** é o momento de verificar o que aprendeu. Dessa forma, você e o professor poderão avaliar como está sua aprendizagem.

Ícones usados no livro

 Atividade em dupla

 Atividade em grupo

 Atividade oral

 OED
Indica que há um Objeto Educacional Digital a ser explorado no livro digital.

 Saber ser
Sinaliza momentos propícios para o professor refletir com a turma sobre questões relacionadas a valores.

cinco **5**

Sumário

UNIDADE 1 — As paisagens

CAPÍTULO 1
Reconhecendo as paisagens › 10

- **Diferentes paisagens › 11**
- Os elementos da paisagem › 12
- **A transformação das paisagens › 14**
- Agora já sei! › 16

CAPÍTULO 2
A ação humana sobre as paisagens › 18

- **A origem da ação humana › 19**
- **Representações:** Diferentes tipos de visão › 20
- **Recursos naturais › 21**
- Modos de vida e exploração dos recursos naturais › 22
- Agora já sei! › 24

CAPÍTULO 3
Paisagem e orientação › 26

- **Pontos de referência › 27**
- Endereço › 29
- **Pontos cardeais › 30**
- Agora já sei! › 32

VAMOS FAZER!
Comparar e interpretar paisagens › 34

O QUE APRENDI? › 36

UNIDADE 2 — Paisagens da Terra

CAPÍTULO 1
A vegetação › 40

- **Diferentes formações de vegetação natural › 41**
- **Representações:** Combinação de manchas e cores › 41
- Principais formações vegetais no Brasil › 42
- Agora já sei! › 44

CAPÍTULO 2
O relevo › 46

- **A superfície da Terra e suas formas › 47**
- Formas onduladas, pontiagudas e arredondadas › 48
- Vales e formas planas › 49
- Transformação do relevo › 50
- As formas de relevo e a construção de moradias › 51
- Agora já sei! › 52

CAPÍTULO 3
A água › 54

- **A água em diferentes paisagens › 55**
- Os rios e seu curso › 56
- Os mares, lagos e oceanos › 58
- **Representações:** Representação de corpos d'água › 59
- Agora já sei! › 60

VAMOS FAZER!
Observar a dinâmica da natureza › 62

O QUE APRENDI? › 64

UNIDADE 3 — O tempo atmosférico nas paisagens

CAPÍTULO 1
Tempo atmosférico › 68
- **Os fenômenos atmosféricos** › 69
- **Temperatura atmosférica** › 70
- Como controlar a temperatura › 72
- **Representações:** Gráfico de linha › 73
- **Agora já sei!** › 74

CAPÍTULO 2
Chuvas e ventos › 76
- **A circulação das águas** › 77
- As chuvas › 78
- A influência das chuvas na vegetação › 79
- **Os ventos** › 80
- O aproveitamento dos ventos › 81
- **Agora já sei!** › 82

CAPÍTULO 3
A previsão do tempo › 84
- **A previsão do tempo hoje** › 85
- Como é feita a previsão do tempo › 86
- **A previsão do tempo e as ações humanas** › 87
- **Representações:** Símbolos › 88
- **Divulgação das previsões** › 89
- **Agora já sei!** › 90

VAMOS FAZER!
Observar o tempo atmosférico › 92

O QUE APRENDI? › 94

UNIDADE 4 — Campo e cidade

CAPÍTULO 1
O campo › 98
- **As atividades e as paisagens do campo** › 99
- Agricultura › 100
- Pecuária › 101
- Outras atividades › 102
- **Representações:** Representação com quadrículas › 103
- **Agora já sei!** › 104

CAPÍTULO 2
A cidade › 106
- **As paisagens da cidade** › 107
- As diferenças entre as cidades › 108
- **Representações:** A cidade vista do alto › 109
- **As atividades da cidade** › 110
- Indústria › 110
- Comércio e serviços › 111
- **Agora já sei!** › 112

CAPÍTULO 3
Relações entre o campo e a cidade › 114
- **A circulação de produtos entre a cidade e o campo** › 115
- Do campo para a cidade › 116
- Da cidade para o campo › 117
- **A vida entre o campo e a cidade** › 118
- **Representações:** Gráfico de *pizza* › 119
- **Agora já sei!** › 120

VAMOS FAZER!
Papel reciclado › 122

O QUE APRENDI? › 124

SUGESTÕES DE LEITURA › 126

BIBLIOGRAFIA › 128

UNIDADE 1

As paisagens

Você conhece muitos lugares, como a rua e a casa onde mora, outras ruas, a escola, as praças e os parques. Você costuma observar o que há no caminho de um lugar para o outro? O que mais chama sua atenção nas diversas construções? Monte os *toys* que estão no início do livro e siga as orientações abaixo.

- Observe a cena ao lado e encontre as representações dos *toys* na ilustração. Quais partes das construções não aparecem na cena?

- Agora, posicione os *toys* na cena de acordo com o ponto de vista adotado na ilustração. De que ponto de vista os *toys* foram representados?

- Imagine que o rapaz e o menino com mochilas estejam perdidos. Além de usar o mapa para chegar a seu destino, eles podem pedir informações. Ao longo da caminhada, como os detalhes do lugar podem ajudá-los a encontrar o caminho certo?

CAPÍTULO 1 — **Reconhecendo as paisagens**

Quando caminhamos ao ar livre, para cada direção que olhamos podemos ter uma vista diferente, com muitos detalhes. Os detalhes de uma vista podem ser retratados de várias formas, como em uma foto, uma pintura ou um desenho. Observe a pintura que retrata o Quarup, celebração indígena em homenagem aos mortos realizada no Parque Indígena do Xingu, no estado do Mato Grosso.

Quarup, pintura de Walde-Mar de Andrade e Silva, 2006.

1 O que esse quadro mostra? Que detalhes você observa?

_____
_____
_____

2 Você acredita que o artista retratou a realidade exatamente como ela é ou há detalhes que ele imaginou? Por quê? Converse com os colegas sobre isso.

3 Você conhece outros costumes de povos indígenas? Conte o que sabe aos colegas e ao professor.

Diferentes paisagens

Andando na rua ou olhando pela janela, vemos diferentes paisagens. A **paisagem** revela a imagem que podemos obter de um espaço por meio dos nossos sentidos: a visão, a audição, o tato, o olfato e o paladar.

Manaus, Amazonas. Foto de 2012.

Quando estamos na praia, por exemplo, vemos o mar, ouvimos o barulho das ondas, tocamos a areia, sentimos o calor do sol, o cheiro forte do mar e o gosto salgado da água. Dessa maneira, percebemos a paisagem.

Praia de Lages em Porto de Pedras, Alagoas. Foto de 2015.

Salvador, Bahia, em 2014.

Os elementos da paisagem

As paisagens são compostas de diferentes tipos de elementos, que são os detalhes que podemos identificar nelas. Os **elementos da paisagem** resultam dos fenômenos da natureza e da relação entre esses fenômenos e as atividades humanas.

Em alguns casos, a relação entre ser humano e natureza altera pouco os elementos naturais de uma paisagem. Em outros casos, o ser humano realiza grandes transformações na natureza, produzindo novos elementos.

1 Observe com atenção a foto a seguir.

Parque Ibirapuera no município de São Paulo, 2012.

a. Assinale os elementos que você observa nessa paisagem.

☐ grama   ☐ muros   ☐ trepa-trepa ☐ mar
☐ árvores ☐ rio   ☐ nuvem   ☐ areia
☐ carros ☐ prédios ☐ balanço   ☐ gangorra

b. Há outros elementos nessa paisagem que não são visuais, por isso, não os percebemos pela foto. Quais são? No momento em que a foto foi tirada, como as pessoas podiam percebê-los? Converse com a turma.

Os elementos que surgem da relação entre os seres humanos e a natureza formam um só conjunto nas paisagens. Nem sempre conseguimos distinguir com facilidade a origem de cada elemento. Para orientar o estudo, é comum classificar os elementos da paisagem em **elementos naturais** e **elementos humanizados**.

Os elementos naturais resultam de fenômenos da natureza, ou seja, não dependem dos seres humanos para existir. Entre eles estão as nuvens, o solo, os rios e o mar.

Os elementos humanizados, como as casas, as ruas e os carros, resultam do trabalho dos seres humanos sobre a natureza.

2 Relacione as fotos **A** e **B** às paisagens descritas a seguir.

Paisagem com predomínio de elementos humanizados	Foto _____
Paisagem com predomínio de elementos naturais	Foto _____

Cachoeira do Jatobá em Vila Bela da Santíssima Trindade, Mato Grosso, 2015.

Praça São Sebastião, no centro histórico de Manaus, Amazonas, 2012.

A transformação das paisagens

A paisagem sempre se modifica. Por exemplo, a vista que temos de um local de manhã é diferente da que temos à noite. Quando chove, a paisagem é diferente daquela em dias sem chuva.

Cada pessoa percebe as paisagens e se recorda delas e de seus detalhes de modo particular. Dessa maneira, elas se tornam únicas.

1 Você se lembra de paisagens como as das fotos a seguir?

Rua do bairro Paracuru, distrito de Icoaraci em Belém, Pará, 2013.

Plantação de melão em Cacimba Funda. Aracati, Ceará, 2013.

Pôr do sol e barcos na praia de Rio Vermelho em Salvador, Bahia, 2013.

As paisagens se transformam constantemente. De um mesmo ponto de observação, é possível perceber uma paisagem diferente de um instante para outro.

Mas há paisagens com elementos que levam anos ou mesmo décadas para que neles sejam percebidas mudanças. São exemplos disso as rochas expostas apenas à ação da natureza e a vegetação de um parque onde o desmatamento é proibido.

Em certos casos, construções podem atravessar anos sem reformas ou grandes modificações. Por isso, muitos lugares apresentam hoje elementos que já estavam presentes em suas paisagens do passado e que pouco mudaram.

2 Com um colega, compare as fotos e responda às questões.

Rua São Bento no município de São Paulo, por volta de 1900.

Rua São Bento no município de São Paulo, 2014.

a. Que paisagem é retratada? Qual é a data de cada foto?

_____

b. Que elementos permaneceram nessa paisagem de uma data para a outra?

_____

Agora já sei!

1 Na companhia de um adulto, vá à entrada de sua casa ou do prédio onde você mora, olhe para fora e observe a paisagem.

a. Desenhe no caderno a paisagem observada, procurando representar o maior número de elementos que você perceber.

b. Agora, preencha o quadro abaixo escrevendo os tipos de elementos da paisagem que você desenhou.

Elementos naturais	Elementos humanizados

2 Observe a foto a seguir.

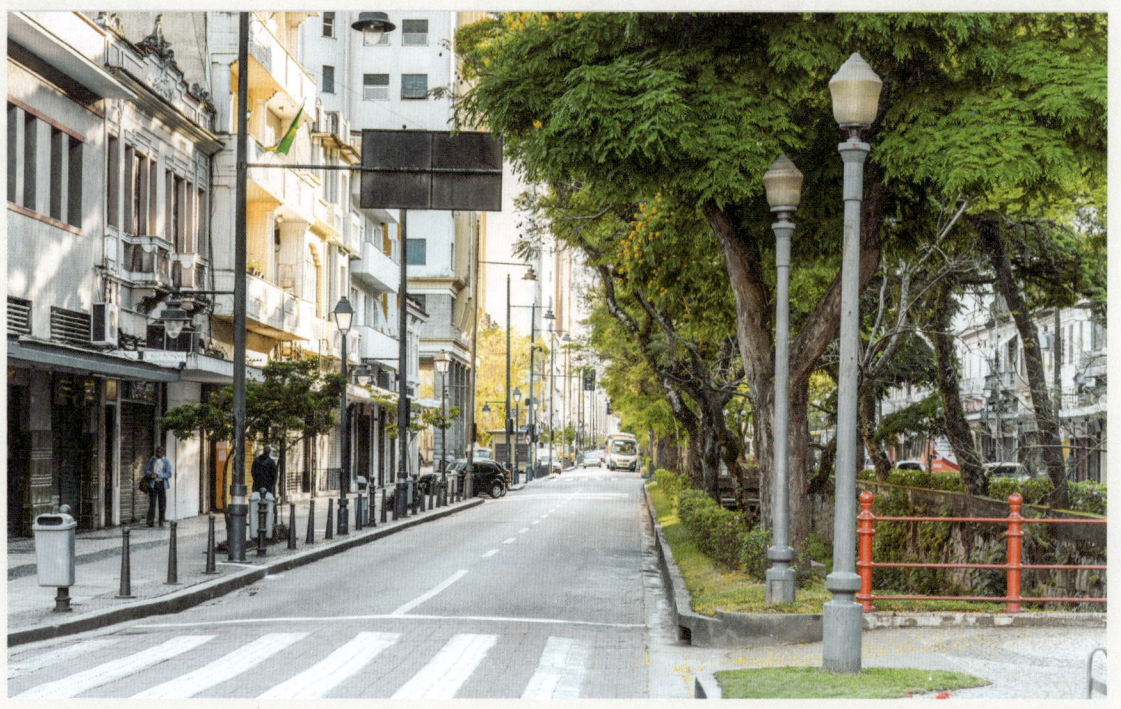

Rua do Imperador em Petrópolis, Rio de Janeiro, 2013.

■ Conte aos colegas e ao professor exemplos de elementos humanizados que fazem parte da paisagem retratada.

3 Leia o texto abaixo, que descreve as impressões que Wangari Maathai teve quando voltou para seu país de origem, o Quênia, e as ações que realizou. Depois, faça o que se pede.

[...] No lugar das montanhas de ricas florestas, com vacas e ovelhas pastando, agora a terra estava quase sem árvores, os bosques tinham desaparecido. Tantas árvores haviam sido cortadas com o objetivo de limpar a área para as fazendas que mulheres e crianças precisavam andar longas distâncias à procura de lenha [...]. Era cada vez menor o número de árvores e a maior parte da terra estava nua como um deserto.

[...] as mulheres estavam orgulhosas. Devagar, ao redor delas, puderam começar a ver o fruto do trabalho de suas mãos. Os bosques estavam crescendo de novo. Agora, quando elas cortavam uma árvore, plantavam duas no lugar [...].

Claire A. Nivola. *Plantando as árvores do Quênia*. 2. ed. São Paulo: SM, 2015. s. p.

a. Sublinhe no texto acima os trechos que melhor descrevem a paisagem representada na ilustração.

b. Que elemento da paisagem foi quase eliminado e depois recuperado pela ação das mulheres?

c. Agora, em uma folha avulsa, faça um desenho ilustrando como você imagina a paisagem depois das ações de Wangari Maathai e das mulheres da comunidade descritas acima.

d. Avaliando o exemplo descrito no texto, podemos afirmar que um lugar apresenta sempre a mesma paisagem? Por quê? Converse com a turma.

dezessete **17**

CAPÍTULO 2 — A ação humana sobre as paisagens

Por que acontecem transformações nas paisagens? Como elas influenciam a natureza e a sociedade em que vivemos?

Leia o que conta Conceição Paganele, uma menina que morava em uma fazenda e resolveu ensinar algumas crianças a ler e a escrever, pois elas não podiam ir à escola. Para Conceição poder fazer o que queria, era preciso encontrar um local adequado na fazenda.

Um **vereador** da cidade ficou sabendo disso, foi lá em casa e falou pro meu pai: "Vamos fazer uma escolinha pra ela. Vai no mato tirar a madeira, que eu vou ajudar". Em pouco tempo, a gente tinha uma escola como as da cidade: com lousa, carteiras, material dos alunos. Ah, e uma placa de madeira escrito: Escola Paganele. [...]

Vereador: político eleito pela população do município para, em conjunto com os demais vereadores, criar leis municipais e fiscalizar a atuação do prefeito.

José Santos. *Crianças do Brasil*: suas histórias, seus brinquedos, seus sonhos. São Paulo: Peirópolis, 2008. p. 58.

1 No lugar onde Conceição Paganele morava, faltava algo muito importante. O que era?

2 No lugar mencionado no texto, houve uma ação humana que transformou a paisagem e a vida de uma comunidade. Que ação foi essa? Quais transformações ela provocou?

3 Quais são as dificuldades que as pessoas analfabetas enfrentam no dia a dia? Como mudar essa situação? Converse com a turma.

A origem da ação humana

As características das paisagens revelam como a sociedade se relaciona com a natureza em cada lugar e em cada momento.

A busca por alimentos e por abrigo sempre motivou o ser humano a modificar as paisagens. Atualmente, porém, as grandes modificações não ocorrem apenas para atender a necessidades básicas. A maior parte delas decorre da produção excessiva de mercadorias.

Uma parcela significativa de pessoas no mundo consome muito mais artigos do que precisa para suprir suas necessidades básicas. Assim, a produção intensa atende aos interesses dos produtores e comerciantes, que ganham dinheiro com a venda de mercadorias.

1 Relacione as legendas às fotos e preencha o quadrinho com a letra correspondente.

Legenda A: A construção de uma indústria provoca transformações no local onde ela será instalada. Também causa mudanças nos locais de onde são extraídos os elementos da natureza usados na fabricação de seus produtos. Itaboraí, Rio de Janeiro, 2012.

Legenda B: Para atender à necessidade de moradia do ser humano, os elementos da paisagem de um local passam por transformações. Londrina, Paraná, 2012.

Representações

Diferentes tipos de visão

As paisagens e os objetos podem ser observados a partir de diferentes pontos de vista. Por exemplo, um objeto pode ser visto de frente e também do alto.

Agora, você vai poder diferenciar outra maneira de observar um objeto, também do alto. Observe as imagens.

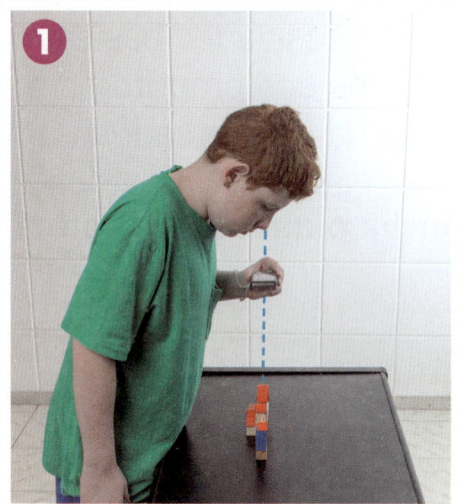
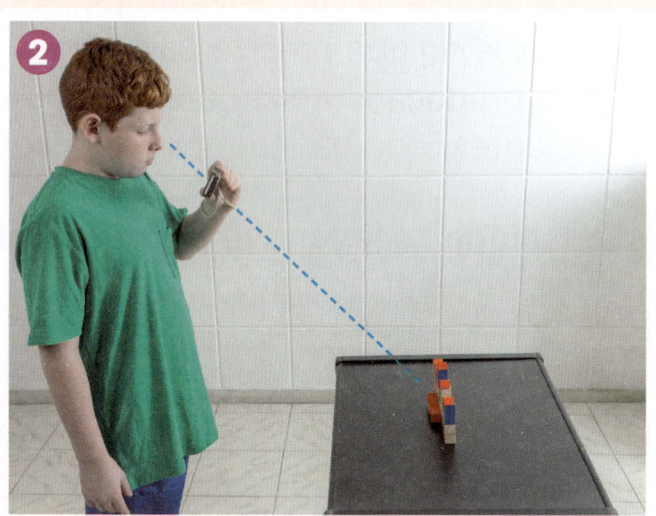

Do alto, o observador pode registrar uma imagem do brinquedo quando ele se encontra exatamente acima desse objeto (imagem **1**) ou quando se encontra mais à frente (imagem **2**), mais atrás ou se deslocando para os lados, ao redor do brinquedo. Nesse caso, o olhar fica inclinado em direção ao objeto observado.

As fotos abaixo representam o mesmo brinquedo a partir de três pontos de vista distintos.

Indique com a letra **A** a imagem retratada do alto e de modo inclinado; com **B** a imagem retratada do alto, exatamente de cima para baixo; e com **C** a imagem retratada de frente.

Recursos naturais

Diversos elementos da natureza, como a água, o solo e o ar, são essenciais para a existência da vida.

Há também elementos naturais que servem como matéria-prima. É o caso da madeira, do ferro e da rocha, materiais que se tornaram a base da fabricação de muitos produtos. Esses elementos, essenciais ou úteis ao ser humano, são chamados **recursos naturais**.

A exploração de recursos naturais sempre provoca alterações nas paisagens. Quando a exploração é excessiva, graves problemas podem afetar a vegetação, os animais e os seres humanos.

Vários fazendeiros queimam trechos da floresta para utilizar novas terras e, assim, aumentar as áreas de plantio ou criação de gado. Nessas fotos da floresta Amazônica, de 2012, é possível ver diferentes áreas: uma preservada e outra com parte das árvores derrubadas e queimadas.

1 Converse com um colega sobre as consequências que o problema retratado ao lado traz para as pessoas e a natureza. Depois, compartilhe as conclusões com toda a turma.

Peixes mortos na lagoa Rodrigo de Freitas por causa da poluição da água no município do Rio de Janeiro. Foto de 2013.

Modos de vida e exploração dos recursos naturais

Muitos problemas, como a destruição das matas, a contaminação dos rios e a poluição do ar, estão relacionados ao **consumismo**. Uma sociedade consumista provoca a exploração excessiva dos recursos naturais e gera grande quantidade de resíduos.

Nos dias atuais, parte da população mundial, principalmente a que vive em cidades, é estimulada a consumir uma grande quantidade dos mais variados tipos de mercadorias: alimentos, roupas, calçados, aparelhos eletrônicos, entre outros.

Muitos produtos são **descartáveis**. Outros são jogados fora ainda em condições de uso e são substituídos por modelos mais novos.

> **Consumismo:** valorização da prática de consumir produtos em excesso.
> **Descartável:** produto que é feito para ser jogado fora depois de usado uma vez ou poucas vezes.

2 Escolha duas fotos na página 131 que estejam adequadas às legendas abaixo e cole-as nos espaços correspondentes.

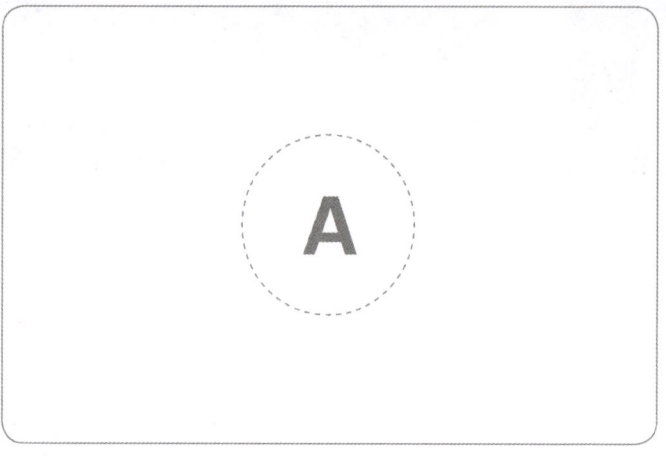

Um dos resultados do consumismo é a grande quantidade de resíduos gerados. Pátio de empresa de sucata em Londrina, Paraná, 2012.

Para atender ao atual padrão de consumo no mundo, é produzida uma infinidade de mercadorias, como retrata esta foto de um hipermercado em Nairóbi, no Quênia, 2013. Como resultado, ocorre exploração excessiva dos recursos naturais.

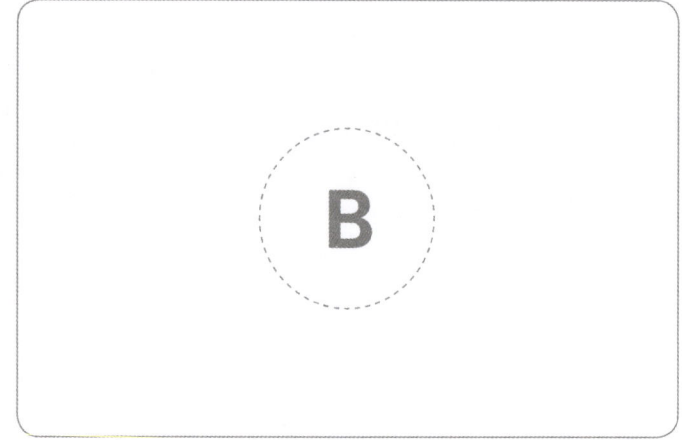

22 vinte e dois

Por outro lado, ainda existem comunidades que exploram recursos naturais de modo não excessivo, promovendo poucas alterações no lugar onde vivem.

O modo de vida de várias famílias **caiçaras** é um exemplo da exploração não excessiva dos recursos naturais. Leia o texto a seguir.

> **Caiçara:** população que descende de indígenas, portugueses e africanos e que vive no litoral do Paraná, de São Paulo e do Rio de Janeiro.

[...] Mesmo sem geladeira, a comida é quase sempre bem mais fresca do que na cidade. Quer ver? Final de semana na praia, a gente sai cedinho pra pescar no mar ou na lagoa; volta e, enquanto uns limpam o peixe, outros colhem uns temperinhos e umas folhas de taioba (planta do mato que parece uma couve gigante). Antes disso, a vó já preparou o fogo e – tcharamm! – rapidinho a comida tá pronta, sem passar pela geladeira.

Marie Ange Bordas. *Manual da criança caiçara*. São Paulo: Peirópolis, 2011. p. 24.

3 Qual alternativa descreve melhor o modo de vida da família caiçara, segundo o texto?

☐ A família compra todos os produtos de que necessita em supermercados.

☐ Há ocasiões em que a família extrai da natureza apenas os recursos de que necessita.

☐ A família extrai grande quantidade de alimentos da natureza e, por falta de geladeira, boa parte estraga.

4 Seu modo de vida se assemelha mais ao da família do texto ou ao de uma pessoa consumista? Discuta com a turma.

Agora já sei!

1 Muitos elementos presentes por longo tempo na paisagem ganham novos usos ou deixam de ser usados. Veja o exemplo.

Chafariz em Ouro Preto, Minas Gerais. Os chafarizes eram o jeito mais prático de conseguir água nas cidades. Construções antigas (chafarizes, casarões, igrejas, pontes) revelam como as pessoas viviam. Foto de 2015.

a. Você já bebeu água de um chafariz? Sabe qual era sua utilidade? Conte à turma.

b. Hoje, é raro as pessoas utilizarem chafarizes para obter água. Escreva duas maneiras diferentes de conseguir água atualmente.

_____

2 Compare as paisagens de um mesmo local imaginário em dois momentos. Indique as transformações ocorridas.

Antes

Depois

_____
_____
_____

3 Observe novamente a imagem de abertura da unidade e os objetos vistos de frente. Imagine as construções vistas do alto, exatamente de cima para baixo, e desenhe-as desse ponto de vista no espaço a seguir.

4 Converse com a turma para responder à questão a seguir.

> Vocês já pararam para pensar de onde vem nossa vontade de comprar alguma coisa? Será que tudo o que é anunciado na tevê nos interessa de verdade ou é um desejo passageiro? E, por último, será que precisamos de todas essas coisas e podemos comprar tudo que queremos?

Ministério do Meio Ambiente. Consumismo infantil: na contramão da sustentabilidade. Disponível em: <http://linkte.me/u6f87>. Acesso em: 4 maio 2016.

■ Imagine que uma criança foi a uma loja acompanhada de seus responsáveis para comprar um novo brinquedo para sua coleção. Nessa loja, os produtos estavam em promoção. Se você estivesse nessa situação, pediria para comprar mais de um brinquedo? Por quê? Explique aos colegas. Depois, registre abaixo suas justificativas.

_____
_____
_____

vinte e cinco **25**

CAPÍTULO 3 — **Paisagem e orientação**

Você conhece a história de João e Maria? Leia um trecho dela.

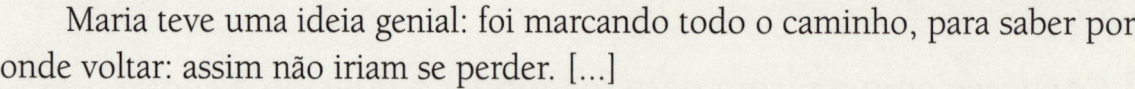

Era uma vez um menino chamado João e sua irmã Maria, que moravam em uma casa perto da floresta.

Um dia, sua mãe pediu que fossem buscar galhos secos para acender o fogo. [...]

– Não vão muito longe. Os galhos que temos aqui perto já servem, não vão se perder por aí... [...]

E lá se foram os dois [...]. Não queriam ir longe, mas estavam tão curiosos com a floresta que resolveram arriscar só um pouquinho.

Maria teve uma ideia genial: foi marcando todo o caminho, para saber por onde voltar: assim não iriam se perder. [...]

Já estava querendo escurecer quando resolveram voltar. Maria foi logo procurando os pedacinhos de pão que deviam estar marcando o caminho, mas…

Os passarinhos que moravam ali [...] não deixaram nem um miolinho de pão sobrar. Não havia como achar o caminho de volta para casa. [...]

Andaram de um lado para outro, mas nada de encontrar o caminho de casa, cada vez mais escuro.

João e Maria. Histórias infantis. Disponível em: <http://linkte.me/n28q7>. Acesso em: 7 abr. 2016.

1 Circule no texto a recomendação da mãe de João e Maria. Eles a seguiram? Qual é sua opinião sobre essa atitude?

2 Qual foi a ideia de Maria para eles não se perderem na floresta?

3 O que João achou da ideia de Maria? Essa ideia deu certo? Converse com os colegas e o professor.

Pontos de referência

Em alguns momentos, podemos simplesmente apreciar uma paisagem bonita. Em outros, podemos estudar a paisagem para saber a relação entre a sociedade e a natureza. Mas também é possível usar elementos de uma paisagem para não nos perdermos.

Fica mais fácil memorizar um caminho se prestarmos atenção nos elementos da paisagem ao longo do trajeto. Nesse caso, eles servem como **pontos de referência**. A orientação pode ser feita ao associar um ponto de referência (árvore, casa, praça) a cada trecho do caminho.

1 Este é o desenho de um trecho do bairro onde Artur mora. Ele está ensinando à amiga o caminho de sua casa até a escola. Veja o desenho e responda às questões.

a. Encontre e indique as construções de acordo com as letras correspondentes.

A: casa de Artur   **B**: papelaria   **C**: escola

b. Trace no desenho o caminho que Artur faz da casa dele até a escola.

c. Que pontos de referência Artur usou para indicar o caminho?

_____

_____

2 Rodrigo foi convidado para a festa de aniversário de Maria Eduarda. A festa será em um sítio, onde mora a avó da menina. No convite, veio uma representação para orientá-lo a chegar ao local. Observe a imagem a seguir.

■ Trace na representação o caminho que Rodrigo poderá fazer para chegar ao sítio. Anote pontos de referência que ele poderá usar.

_____

_____

_____

3 Em uma folha avulsa, desenhe o trajeto de sua moradia até a escola. Indique os pontos de referência. Depois, compare seu desenho com o de um colega. Há algum ponto de referência que vocês dois marcaram?

Endereço

As moradias e outras construções, como escolas, lojas e hospitais, têm um **endereço**, isto é, um conjunto de informações que permitem a qualquer pessoa chegar até esses locais.

Há também moradias localizadas em lugares sem endereço. Nesse caso, as pessoas informam o endereço de centros comunitários, por exemplo, para receber correspondências.

O endereço é muito importante. Para fazer cadastros em postos de saúde, bibliotecas ou abrir uma conta no banco, por exemplo, é necessário informar um endereço.

Veja o desenho de onde Camila mora, no município de Jardim do Sul.

4 Escreva a seguir o endereço da casa de Camila.

Pontos cardeais

No passado, os navegadores observavam o céu e usavam os astros como pontos de referência. Durante a noite, examinavam a posição das estrelas para se orientar. Durante o dia, observavam a posição do Sol.

Ao longo do tempo, os seres humanos perceberam que, todos os dias, o Sol parecia realizar os mesmos movimentos no céu. Usando o Sol como referência, eles estabeleceram alguns pontos em direções diferentes para se orientar. São os **pontos cardeais**.

Como podemos observar na ilustração acima, na direção onde o Sol aparece todas as manhãs fica o **leste**. No sentido oposto, onde ele se põe todos os fins de tarde, é o **oeste**.

Apontando o braço direito para leste e o esquerdo para oeste, o **norte** estará à frente, e o **sul** estará às costas.

Os pontos cardeais são indicados por suas letras iniciais: **N** (norte), **S** (sul), **L** (leste) e **O** (oeste).

À esquerda, ilustração da rosa dos ventos, criada por antigos astrônomos e navegadores. A rosa dos ventos indica os pontos cardeais. Por isso, é comum sua utilização em mapas.

1 Observe os detalhes da paisagem representada abaixo.

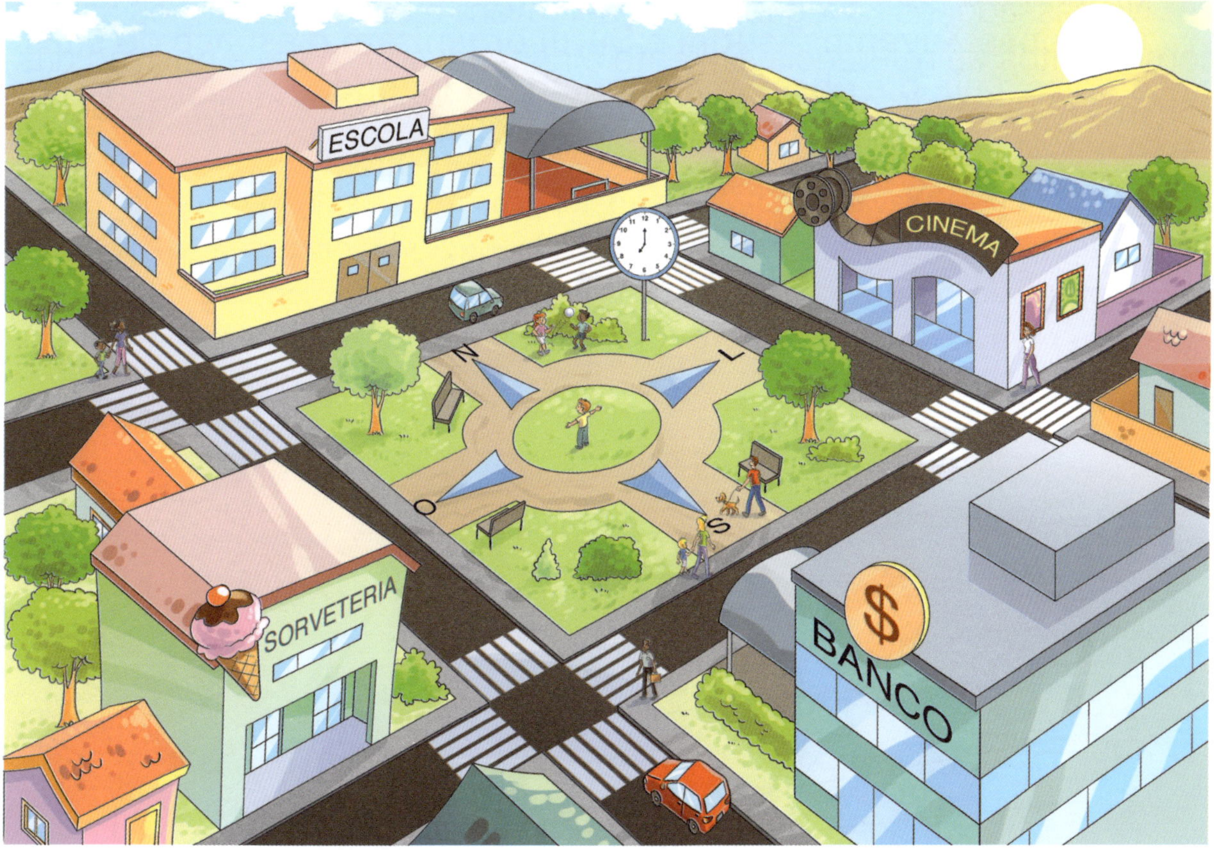

Ilustra Cartoon/ID/BR

a. Que horas o relógio está marcando? O dia está amanhecendo ou anoitecendo? Por quê?

b. Localize o menino no centro da praça. Depois, no quadro abaixo, escreva quais estabelecimentos se encontram ao norte, ao sul, a leste e a oeste, em relação ao menino.

Norte	Sul	Leste	Oeste

http://linkte.me/x15y7

No *site* Só geografia você pode verificar se ficou craque na localização dos pontos cardeais e ainda aprender sobre os pontos colaterais. Acesso em: 5 maio 2016.

Agora já sei!

1 O texto a seguir descreve uma das maneiras como os povos indígenas Xavante, Asuriní e Surui organizam o espaço de suas aldeias. Leia-o e observe a imagem e a legenda.

> O povo Xavante, do Mato Grosso, constrói sua aldeia em forma de ferradura. No centro dela há um pátio, onde eles organizam as principais cerimônias, os jogos e as brincadeiras. [...] Além das aldeias do povo Xavante, as do povo Asuriní e do povo Surui também são formadas assim.

A. Rua do dia
B. Rua da noite
C. Área das reuniões
D. Área dos rapazes
E. Cabana das crianças
F. Área da maquiagem
G. Caminho para as hortas
H. Cemitério
I. Caminho para a área de banho

Daniel Munduruku. *Coisas de índio*. São Paulo: Callis, 2006. p. 34-35.

a. Em relação à área das reuniões, em qual direção está localizada a cabana das crianças? E o cemitério na aldeia?

_____

_____

b. Em uma folha avulsa, desenhe como você imagina que seria a vista de frente da aldeia, observando-a a partir da área das reuniões. Mostre seu desenho aos colegas e veja como eles imaginaram essa paisagem.

2 Finalize a confecção da rosa dos ventos disponível na página 129. Para isso, ligue as pontas do + às pontas do X; escreva o nome de cada ponto cardeal (norte, sul, leste, oeste) no local adequado e pinte a rosa dos ventos da maneira que preferir. Descubra de que lado da sala o Sol nasce (leste) ou se põe (oeste). A seguir, descubra, em relação a sua carteira, quais objetos ou pessoas estão a leste, a oeste, a norte e a sul.

3 Leia o seguinte texto e observe a ilustração.

Um grupo de escoteiros fazia um passeio pela mata. Estava começando a anoitecer e eles precisavam voltar para o acampamento, que ficava no sentido oeste. Para encontrar os pontos cardeais, um dos escoteiros se posicionou como mostra a ilustração.

a. O que um dos escoteiros fez para encontrar o oeste?

_____

_____

b. Imagine que você faz parte desse grupo de escoteiros e que seu colega perdeu a única bússola do grupo. Qual seria sua atitude? Troque ideias com a turma.

Vamos fazer!

Comparar e interpretar paisagens

Francisco tem 8 anos e mora em Dourado, no estado de São Paulo. Nas últimas férias, viajou com a família para a cidade de São Paulo para visitar sua avó materna. Ela mora em uma casa que fica na praça Cornélia, no bairro da Lapa.

Observe a foto abaixo.

Praça Cornélia, no bairro da Lapa, município de São Paulo, em 2013.

Quando chegou à casa da avó, Francisco notou uma foto antiga em um quadro na parede da sala e logo quis saber que lugar era aquele do retrato. Perguntou então à avó sobre o lugar e ficou surpreso com a resposta: "Este é o lugar onde eu moro, a praça Cornélia, só que em 1935".

Praça Cornélia, em 1935. À esquerda, a igreja de São João Maria Vianney.

Todos os lugares mudam com o tempo. Você já percebeu isso onde mora ou estuda? Sabe por que ocorreram as mudanças? Sua turma vai fazer uma atividade para descobrir as respostas para essas perguntas.

Como fazer

1. Consulte parentes, amigos e a direção da escola para conseguir fotos antigas do lugar onde você vive e estuda. Em grupo, observem as imagens que vocês conseguiram e escolham uma delas. Com o auxílio do professor, fixem a foto escolhida em uma folha de papel avulsa.

2. Façam uma legenda para a imagem. Escrevam o nome do lugar, o ano em que ele foi retratado e, se possível, quem fez a foto.

3. Observem como era esse lugar e o que existia nele.

4. Agora, comparem a imagem antiga com a aparência atual do lugar. Se possível, tirem uma foto e colem-na ao lado da antiga.

Observação e análise do trabalho

1 Converse com os colegas sobre as mudanças ocorridas e procurem responder às questões a seguir. Anotem as respostas no caderno.

   a. Quantos anos se passaram desde que a foto antiga foi tirada?
   b. Como devia ser o modo de vida nesse lugar no passado?
   c. A paisagem mudou muito ou pouco?
   d. O que essas mudanças devem ter provocado na vida das pessoas desse lugar?
   e. Há alguma coisa que não mudou? O quê?
   f. Como é o modo de vida nesse lugar hoje?

O que aprendi?

1 Compare as fotos. Depois, responda às questões.

Sobrado que sediou o palácio do governo entre 1890 e 1938 em Curitiba, Paraná.

Sobrado que sedia o Museu da Arte e do Som em Curitiba, Paraná, 2015.

a. Houve muitas mudanças nesse lugar entre 1938 e 2015? Quais?

b. Imagine como era o modo de vida nesse lugar em 1938. Pense, por exemplo, no número de pessoas que viviam em Curitiba, na quantidade de automóveis que circulavam pelas ruas. Reúna-se com um colega e conversem sobre o que cada um imaginou.

2 Bia e os colegas da turma foram com o professor visitar o museu da cidade. Eles escolheram o restaurante como ponto de encontro para quando terminassem a visita.

■ Leia as instruções e acompanhe na representação a seguir o caminho que Bia e a turma devem percorrer até o lugar combinado.

Bia e os colegas estão na sala **1**. Eles devem sair de lá pelo corredor **A** e seguir em direção ao jardim. Ao passar pelos sanitários, devem virar à esquerda, passar diante da área de exposições temporárias e virar à esquerda no corredor **D**. O restaurante fica ao lado do auditório.

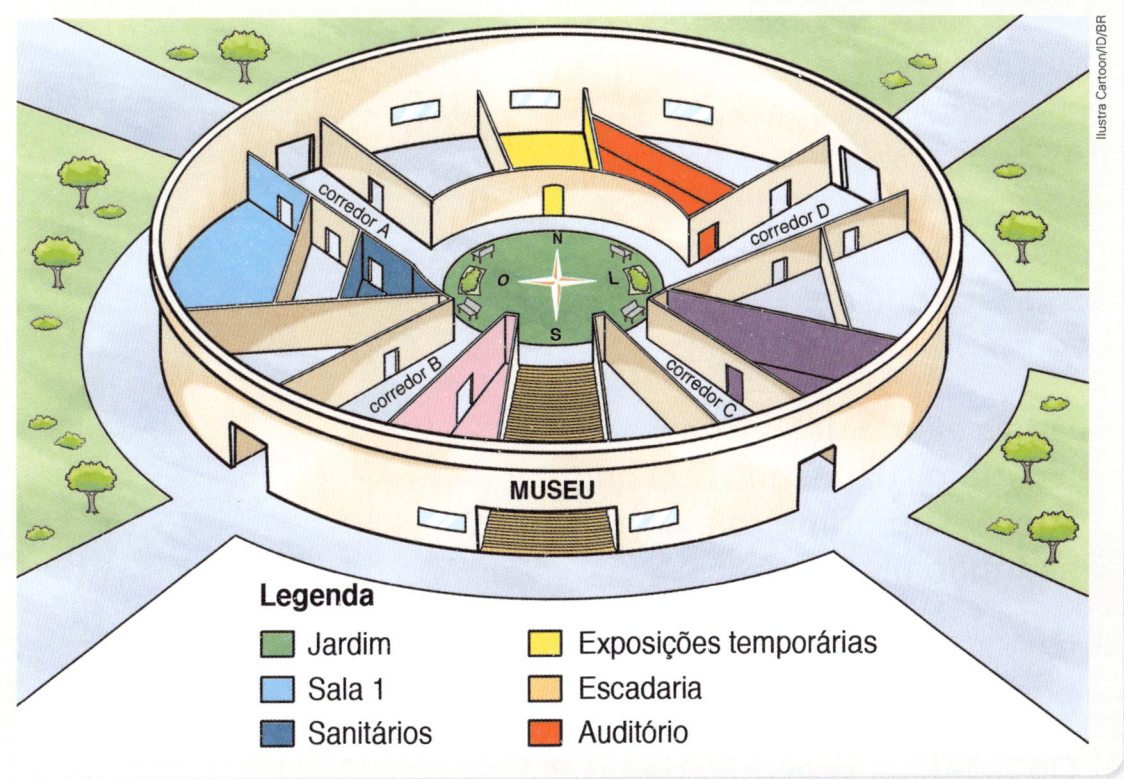

Legenda
- Jardim
- Sala 1
- Sanitários
- Exposições temporárias
- Escadaria
- Auditório

a. Que pontos de referência ajudaram a acompanhar o caminho? Marque com um **X** a área onde se localiza o restaurante na representação.

_____

b. À esquerda da escada situa-se a sala **2**, e ao lado do corredor **C** fica a biblioteca. De que cor esses espaços estão representados?

_____

c. A escadaria fica na direção norte, sul, leste ou oeste?

_____

UNIDADE 2
Paisagens da Terra

As formas, as cores, os sons e os cheiros que percebemos ao nosso redor compõem a paisagem. Por isso, ao fazermos a leitura das paisagens, utilizamos quase todos os nossos sentidos: a visão, o tato, o olfato e a audição. Vamos descrever as sensações que a paisagem ao lado nos transmite?

- Quais elementos visuais chamam sua atenção? O que você vê no primeiro e no segundo plano?

- Que sons você imagina que poderiam ser ouvidos?

- Qual seria a sensação de pisar descalço na terra e na grama?

- Quais cheiros poderiam ser percebidos nesse lugar?

- Agora, selecione quatro adesivos da página 133 e complete adequadamente a paisagem ilustrada ao lado.

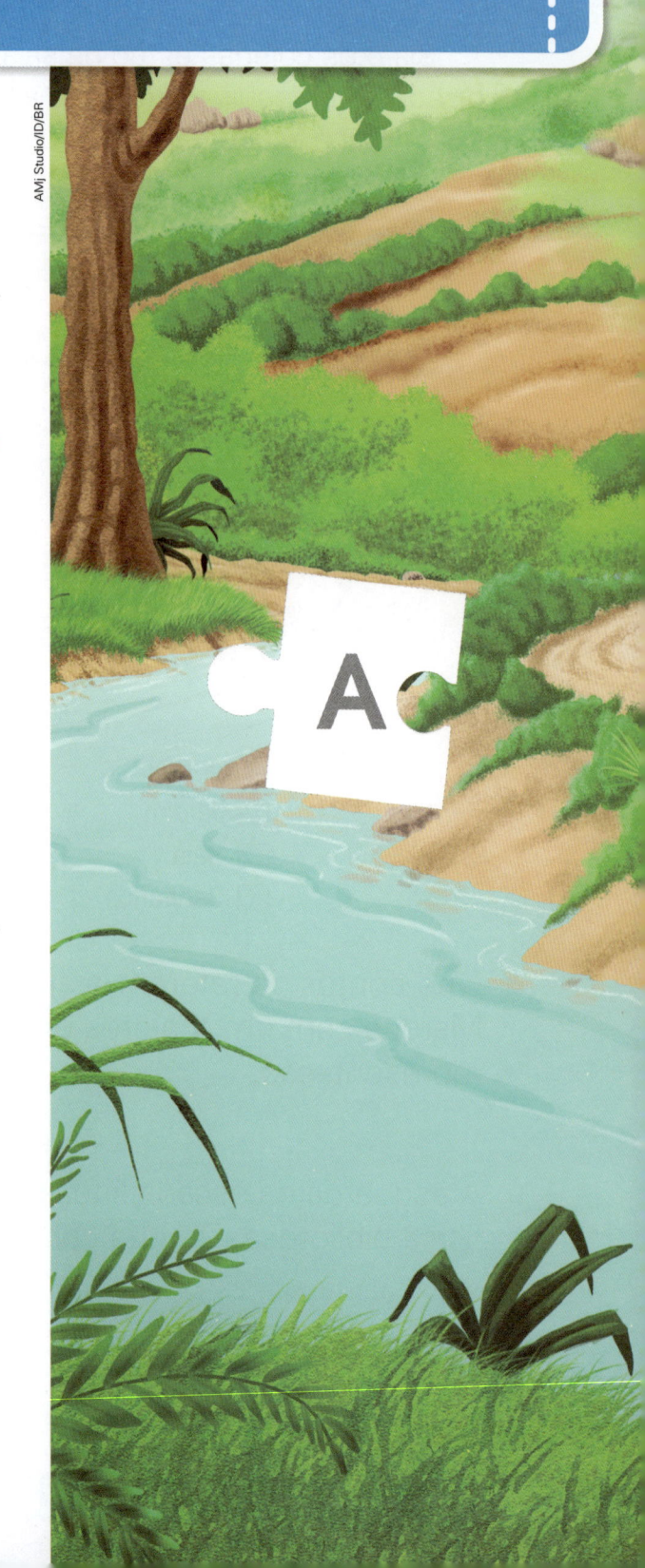

ESCOLA

39

CAPÍTULO 1 — A vegetação

As plantas são muito importantes para as paisagens do planeta Terra. Elas estão por toda parte e formam conjuntos de áreas verdes que chamamos de vegetação. Você já notou como as formas e as cores da vegetação modelam as paisagens?

> Entre o aqui e o ali, foram morros, riachos e muitas, muitas árvores. A paisagem, de uma pequena mata, transformou-se numa gigantesca floresta. Demoramos a descobrir que estávamos perdidos e, quanto mais caminhávamos, mais desorientados ficávamos. Naquele momento, pensei como seria bom se não existissem árvores, capim, grama e nenhum outro tipo de vegetação que nos impedisse de observar o que existia adiante. Nenhuma árvore, nenhuma planta, apenas o contorno dos morros e das curvas dos rios.

Ismar de Souza Carvalho. Um mundo sem florestas. Revista *Ciência Hoje das Crianças*. Disponível em: <http://linkte.me/z9999>. Acesso em: 6 maio 2016.

1 O narrador estava perdido. De acordo com o relato, que elemento da paisagem dificultava encontrar o caminho e chegar ao destino?

2 Como estava perdido, o narrador desejou que esse elemento não existisse. Você acredita que o conhecimento da vegetação poderia ajudar o narrador a se localizar? Por quê?

Diferentes formações de vegetação natural

A vegetação natural corresponde ao conjunto de plantas que crescem em cada parte da Terra sem a intervenção humana.

Cada tipo de vegetação natural consegue se desenvolver sob determinadas condições de solo, de temperatura e de chuvas. Como essas condições variam em cada parte da superfície da Terra, há diversos tipos de vegetação natural.

Representações

Combinação de manchas e cores

Em um mapa, as manchas indicam o tamanho da área e em quais porções do espaço existe certo elemento. No mapa ao lado, esse elemento é a vegetação natural atual no Brasil. As cores do mapa indicam diferentes tipos desse elemento. A cor verde, por exemplo, representa as áreas de floresta.

Brasil: Vegetação natural atual

Legenda:
- Floresta
- Cerrado
- Caatinga
- Outros tipos
- Alterado pelo ser humano

1 cm – 460 km

Fonte de pesquisa: *Meu primeiro atlas*. 4. ed. Rio de Janeiro: IBGE, 2012. p. 120.

1 Complete: o tipo de vegetação representado pela cor rosa é _____ e o pela cor amarela é _____.

Entre esses dois tipos, _____ ocupa a maior área.

2 O que aconteceu com a vegetação nas áreas em vermelho?

_____

▪ Principais formações vegetais no Brasil

As **florestas** ou **matas** são formadas por grande concentração de árvores. É comum a presença de árvores altas e com copas cheias, que, juntas, podem dificultar a passagem da luz solar.

Há florestas com grande variedade de tipos de árvores e de outras plantas, como a floresta Amazônica e a Mata Atlântica, situadas em regiões úmidas do Brasil. Também há florestas em que um tipo de árvore em especial se destaca, como o pinheiro-do--paraná, que compõe a mata de araucária no sul do Brasil.

Floresta às margens do rio Paru D'Este, Amapá, 2015. O mapa sobreposto à foto representa todas as áreas de ocorrência de florestas no Brasil.

O **Cerrado** é uma formação vegetal que ocupa a parte central do Brasil, que ao longo do ano apresenta um período seco e outro chuvoso. No Cerrado, há vegetação rasteira, ou seja, que fica muito próxima do solo. Há também pequenas e médias árvores com raízes profundas e, muitas vezes, galhos e troncos retorcidos.

Trecho de Cerrado na serra da Bodoquena, em Bodoquena, Mato Grosso do Sul, 2012. O mapa sobreposto à foto representa todas as áreas de ocorrência de Cerrado no Brasil.

A **Caatinga** é uma formação vegetal nas áreas mais secas do Brasil. A palavra significa "vegetação clara", devido à aparência da vegetação no período seco. Ela se caracteriza pela presença de árvores de porte pequeno e médio e de cactos espalhados, que não recobrem todo o solo. Há também a presença de vegetação rasteira.

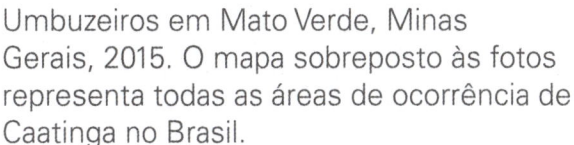

Umbuzeiros em Mato Verde, Minas Gerais, 2015. O mapa sobreposto às fotos representa todas as áreas de ocorrência de Caatinga no Brasil.

Paisagem com plantas típicas da Caatinga. Buíque, Pernambuco, 2012.

1 Cada frase abaixo se refere a um tipo de vegetação. Leia as frases e pinte os quadradinhos seguindo a orientação.

verde = florestas   **laranja** = Cerrado   **vermelho** = Caatinga

☐ Presente nas áreas mais secas do Brasil. Possui árvores baixas e cactos que ficam dispersos, não recobrindo todo o solo.

☐ Ocupa grande área da parte central do Brasil. Apresenta vegetação rente ao solo, arbustos e árvores de galhos retorcidos.

☐ Essa formação vegetal apresenta árvores de grande porte. Quando observadas do alto, não é possível ver o chão, pois as copas ficam bem próximas umas das outras.

quarenta e três

Agora já sei!

1 Faça uma pesquisa sobre os principais tipos de vegetação natural que existem no Brasil.

- Selecione imagens e anote informações que você julgar importantes: por exemplo, o nome dos estados onde cada tipo de vegetação está presente, os animais que vivem nessa vegetação, os problemas que a afetam.

- Em um dia marcado, junte-se com um grupo de colegas em sala de aula e elaborem um cartaz com o material que cada um pesquisou. Com a ajuda do professor, montem um painel para expor o cartaz.

2 Apesar de importantes, as florestas brasileiras já perderam áreas enormes em razão do desmatamento. As imagens abaixo mostram, no entanto, que é possível fazer o processo inverso, ou seja, reflorestar, plantando espécies da vegetação original.

Área desmatada na fazenda do Bulcão em Aimorés, Minas Gerais. Foto de 2001.

Área reflorestada na mesma fazenda. Foto de 2012.

- Agora, escreva, em poucas palavras, o que você entendeu por:

desmatamento: _____

_____

reflorestamento: _____

_____

3 Leia o trecho de um poema sobre o rio São Francisco. Depois, assinale as representações de formações vegetais que foram citadas.

Depois de milhas e milhas
rolando terra adentro,
por serras, cerrado e caatinga,
entre barrancos, coroas e ilhas,
o Velho Chico, **alquebrado**,
ouve a pancada do mar.

Alquebrado: que parece cansado.

Raimundo Carvalho. *O Velho Chico na pancada do mar*. Disponível em: <http://linkte.me/kfhp9>. Acesso em: 6 maio 2016.

A ☐   B ☐   C ☐

- Agora, leia no quadro abaixo as características dos três tipos de vegetação estudados neste capítulo. À frente de cada descrição, escreva a letra da foto da vegetação correspondente.

Características	Letra
Vegetação adaptada às áreas mais secas do Brasil.	
Tipo de vegetação predominante no Brasil e formada por muitas árvores, que ficam bem próximas umas das outras.	
Vegetação que ocupa a parte central do Brasil e formada por plantas rasteiras, arbustos e árvores com raízes profundas.	

CAPÍTULO 2 — O relevo

Você sabe o que é cartão-postal? É um tipo de correspondência que pode ser enviada a parentes e amigos por um viajante que deseja mostrar algo marcante do lugar visitado. Em geral, na frente do cartão há uma foto de uma paisagem e, no verso, um espaço para a mensagem e para o endereço de destino. Veja os exemplos abaixo.

Chapada Diamantina, Bahia, 2012.

Pantanal, Mato Grosso do Sul, 2012.

1 Imagine-se caminhando por um desses lugares. Qual deles você teria mais dificuldade para atravessar?

2 Verifique se em sua casa há cartões-postais que você possa trazer para a sala de aula. Se houver, junte-os com os dos colegas e observem as paisagens retratadas. A superfície terrestre apresenta diferentes formas? Como elas são?

A superfície da Terra e suas formas

A **superfície da Terra** é a parte sólida mais externa do planeta. Sobre ela se encontra o solo, onde a vegetação cresce e sobre o qual vivemos e erguemos construções. Sobre a superfície da Terra também correm os rios e se acumulam as águas oceânicas.

A superfície da Terra apresenta grande diversidade de formas: planas, onduladas e até mesmo pontiagudas. O conjunto de formas da superfície terrestre é chamado de **relevo**.

1 Na foto abaixo, a linha vermelha foi traçada para realçar o contorno do relevo, que tem um **formato irregular**.

Trecho da serra do Mar em Cananeia, São Paulo, 2013.

a. Faça o decalque dessa linha em uma folha de papel vegetal.

b. Com base na linha que decalcou, indique com um **X** qual das opções a seguir melhor define o significado de "formato irregular".

☐ Formato de uma linha reta.

☐ Formato plano como a superfície de uma mesa.

☐ Formato com diferentes elevações, cheio de altos e baixos.

▰ Formas onduladas, pontiagudas e arredondadas

Os relevos montanhosos apresentam uma superfície bastante irregular, com partes mais baixas e outras muito altas. As partes mais elevadas formam topos que podem ter um formato bem estreito e até pontiagudo.

Paisagem formada por montanhas. Cordilheira dos Andes, na Argentina. Foto de 2012.

Também existem superfícies irregulares compostas de uma sequência de morros. Em determinados locais, há morros com formas bastante arredondadas.

Paisagem formada por morros. Piquete, São Paulo. Foto de 2013.

2 Que diferenças você observa entre as formas de relevo retratadas nas fotos **A** e **B**? Você acredita que seria mais difícil subir até um dos topos da foto **A** ou até o alto de um morro da foto **B**?

Vales e formas planas

O **vale** é a parte mais baixa de uma abertura entre morros ou montanhas. Na imagem abaixo, podemos observar um extenso vale.

Vale de Kahakuloa na ilha de Maui. Havaí, Estados Unidos. Foto de 2012.

As formas de **relevo plano** possuem pouca ou nenhuma ondulação, ou seja, não há grandes subidas ou descidas.

Na imagem ao lado, há uma paisagem composta de relevo plano às margens de um rio.

Rio Iguaçu na fronteira do Brasil com a Argentina. Foz do Iguaçu, Paraná. Foto de 2013.

3 Caso você já tenha visto alguma dessas formas de relevo, conte aos colegas e ao professor:

a. o nome da forma de relevo e onde se localiza;

b. o que havia nela: vegetação, plantações, criação de gado, construções, estradas, rios, entre outros.

Transformação do relevo

O relevo se transforma muito lentamente, e as alterações, de modo geral, só podem ser percebidas após milhares de anos. A ação de fenômenos como os ventos, as chuvas e a movimentação dos rios provoca alterações nas rochas e nos solos que formam o relevo. Isso acontece, principalmente, de duas maneiras. Observe.

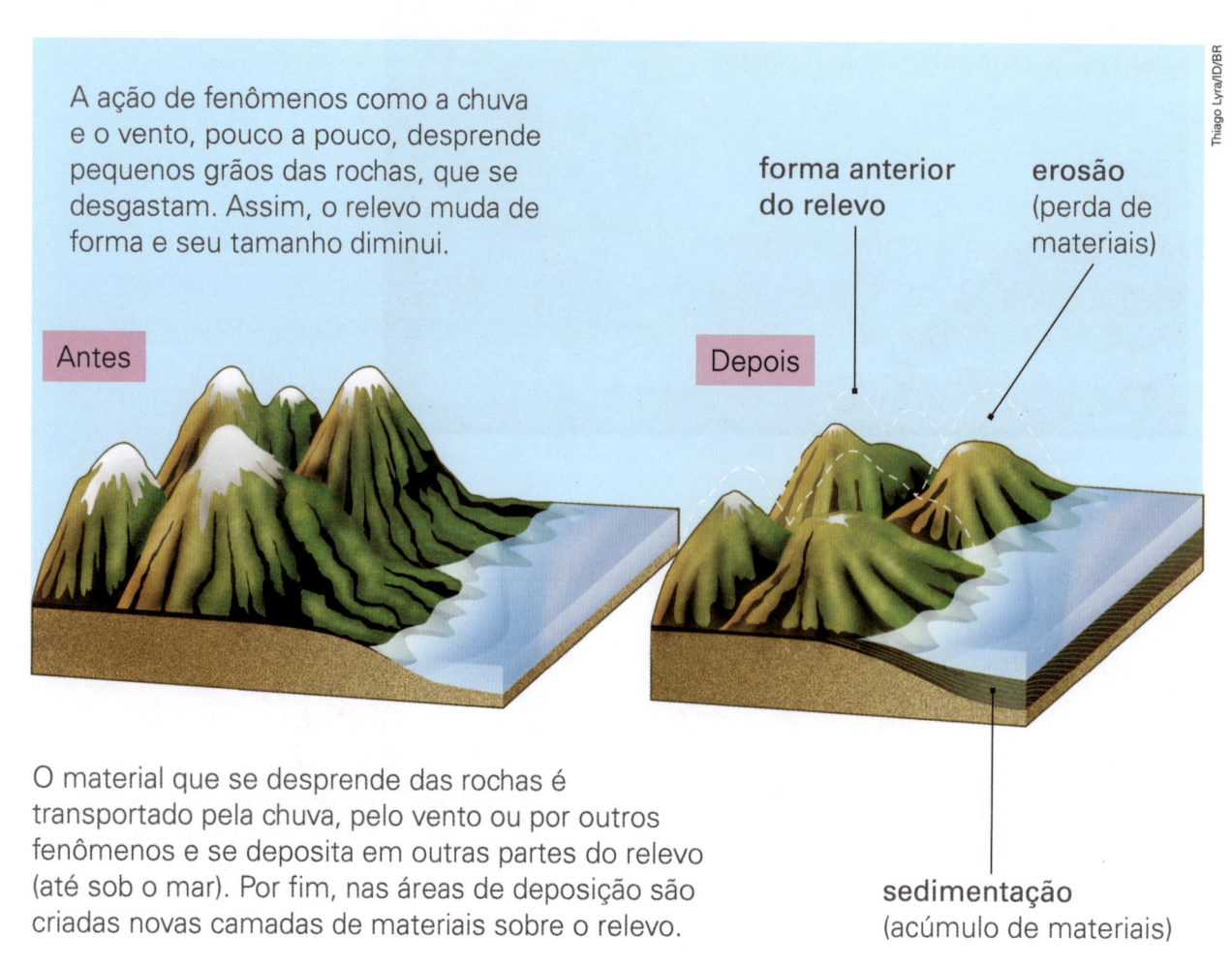

A ação de fenômenos como a chuva e o vento, pouco a pouco, desprende pequenos grãos das rochas, que se desgastam. Assim, o relevo muda de forma e seu tamanho diminui.

Antes

Depois

forma anterior do relevo

erosão (perda de materiais)

O material que se desprende das rochas é transportado pela chuva, pelo vento ou por outros fenômenos e se deposita em outras partes do relevo (até sob o mar). Por fim, nas áreas de deposição são criadas novas camadas de materiais sobre o relevo.

sedimentação (acúmulo de materiais)

Fonte de pesquisa: Wilson Teixeira (Org.). *Decifrando a Terra*. São Paulo: Ed. Nacional, 2008. p. 266.

O processo de desprendimento de materiais das rochas e do solo e seu deslocamento para outros locais é chamado **erosão**. E o acúmulo desses materiais chama-se **sedimentação**.

4 Complete as lacunas com: erosão – sedimentação – camadas.

- No processo de transformação do relevo, a _____ retira materiais das rochas presentes em determinados locais e os transporta para outras áreas, onde se depositam, formando novas _____ por meio da _____.

As formas de relevo e a construção de moradias

Você já pensou sobre como as diferentes formas do relevo influenciam o modo de vida das pessoas?

A construção de moradias, por exemplo, pode ser uma tarefa mais fácil ou mais difícil, dependendo do relevo. Em geral, o relevo plano favorece a construção de moradias. Porém, nas proximidades de rios, quando o relevo é plano e baixo, ele é sujeito a inundações.

Para evitar o alagamento em áreas sujeitas a inundações, algumas casas são construídas sobre palafitas, estacas que deixam a casa em um nível mais elevado. Palafita na margem do rio Paraguai em Corumbá, Mato Grosso do Sul. Foto de 2012.

5 Os relevos muito irregulares, com morros ou montanhas, geralmente dificultam a construção de moradias. Mas há casos em que as próprias rochas desse tipo de relevo se transformam em moradias. Veja a imagem ao lado.

Moradias escavadas em rocha no deserto do Saara. Matmata, Tunísia. Foto de 2013.

a. De que modo foi possível transformar as rochas do relevo em moradia? Elabore hipóteses com um colega.

_____

_____

b. Que semelhança existe entre construir esse tipo de casa e abrir um túnel sob um morro?

Agora já sei!

1 Observe o relevo das paisagens representadas abaixo. Depois, relacione as questões a seguir às imagens correspondentes.

A

Vista do morro Dois Irmãos no município do Rio de Janeiro. Foto de 2013.

B

Município de Cachoeiras de Macacu no estado do Rio de Janeiro. Foto de 2012.

C

Vista do rio das Antas em Veranópolis, Rio Grande do Sul. Foto de 2013.

D

Vista aérea da Rodovia BR-156, que liga o município de Macapá ao Oiapoque. Macapá, Amapá. Foto de 2012.

a. Qual foto retrata o relevo com a forma mais plana? _____

b. Na foto **C**, o rio passa pela parte do relevo mais baixa ou mais alta em relação ao entorno dele? Que nome tem esse tipo de relevo?

_____

_____

c. O que há em comum entre as formas de relevo das fotos **A** e **B**?

_____

2 As duas frases abaixo falam sobre a transformação do relevo.

> A **erosão** provoca o desprendimento de materiais das rochas em uma parte do relevo e o deslocamento desses materiais para outras partes do relevo.

> A **sedimentação** ocorre com a formação de camadas novas na parte do relevo onde se acumularam os materiais trazidos das áreas que sofreram erosão.

a. Agora, indique sobre cada imagem abaixo qual representa a **erosão** e qual representa a **sedimentação**.

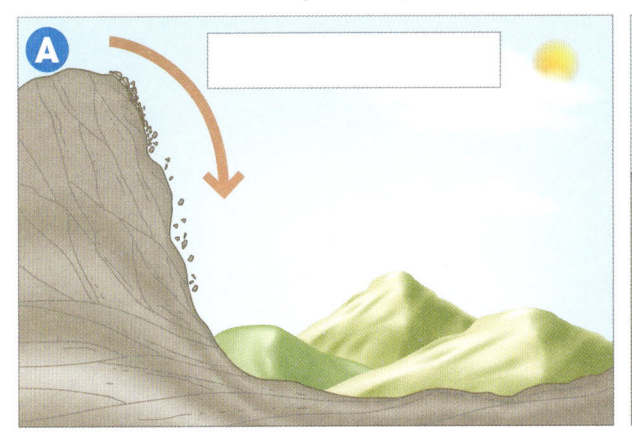

A

B

b. Considere a figura **A** o "antes" e a figura **B** o "depois". Que mudanças ocorreram no relevo entre as figuras **A** e **B**?

_____

_____

3 O relevo também pode ser transformado pelos seres humanos, como ocorreu no morro retratado na foto ao lado. Converse com a turma sobre as possíveis mudanças nas formas desse relevo.

Cratera formada pela extração de rochas em uma pedreira no município de São Paulo, 2013.

cinquenta e três **53**

CAPÍTULO 3 — A água

Muitas vezes, pensamos na água apenas como um bem que utilizamos para matar a sede, tomar banho ou lavar objetos. Mas como a água se distribui pelo planeta? Em quais partes da Terra podemos encontrá-la e que paisagens a água forma nesses locais?

No texto abaixo, a autora descreve como ela pensa na água em uma determinada paisagem. Leia.

> [...]
> Para mim, a água é o oceano,
> As ondas escuras que morrem na areia,
> O ar úmido onde flutuam as gaivotas,
> O barco de meu pai que desaparece no horizonte
> E volta ao porto com os porões carregados de peixes...
> Para mim, a água é uma estrela do mar
> [...]

Angèle Delaunois. *As crianças da água*. São Paulo: DeLeitura, 2011. s. p.

1 Imagine a paisagem descrita no texto e, em uma folha avulsa, faça um desenho para representá-la. Depois, apresente o desenho à turma.

2 Agora, imagine outra paisagem com a presença de água. Faça como a autora e, nas linhas a seguir, descreva em forma de versos a paisagem que você imaginou.

A água em diferentes paisagens

Grande parte da superfície da Terra está coberta por água. A água compõe diferentes paisagens em rios, lagos, oceanos e geleiras.

À esquerda, foto de lago nos Estados Unidos, em 2012. Os lagos são formados pela água no estado líquido acumulada em uma parte rebaixada do relevo. À direita, foto de geleiras entre a China e a Coreia do Norte, em 2012. As geleiras são formadas por camadas de neve (água no estado sólido) que se acumulam sobre o solo ou sobre águas congeladas.

A água é uma substância fundamental para a vida. Por isso, muitos agrupamentos humanos se formaram nas proximidades de fontes de água.

Em todo o mundo, paisagens formadas por construções humanas às margens de rios e de lagos indicam a importância da água para a humanidade.

1 Por que a água é necessária para a vida dos seres humanos?

2 Você conhece pessoalmente algum rio, lago ou represa? Conte à turma suas experiências com essas fontes de água.

Os rios e seu curso

Os rios são cursos naturais de água doce que percorrem um caminho a partir de um ponto mais alto do relevo, onde está sua nascente, sempre em direção à parte mais baixa do relevo, onde se localiza sua foz. Observe.

A força dos rios provoca erosão, que aprofunda o relevo ao longo do curso. Nos rios com cachoeira, a erosão desgasta o "degrau" por onde a cachoeira escorre.

Já o material arrastado pelo movimento das águas se deposita no fundo, nas margens ou na foz do rio.

Vista das cataratas do Iguaçu. Foz do Iguaçu, Paraná. Foto de 2015.

3 Complete as lacunas com termos que você aprendeu acima.

- O _____ se origina em uma _____ e despeja suas águas na _____. A _____ gerada pela força do rio provoca o deslocamento de materiais, que podem se depositar no fundo, nas _____ ou na _____ do rio.

A interferência humana no curso dos rios

O curso de muitos rios é alterado por meio de canalizações para facilitar a ocupação de suas margens, onde ruas e prédios são construídos. A canalização faz com que as águas de um rio passem por tubulações ou por canais de concreto, o que transforma seu curso, deixando-o mais estreito, profundo e reto.

Em outros casos, o curso de um rio pode ser modificado a fim de possibilitar a utilização de suas águas, por exemplo, para o funcionamento de usinas hidrelétricas, que geram eletricidade. Para construí-las, é necessário erguer uma barragem para reduzir o fluxo do rio, o que provoca a formação de uma represa.

Vista aérea da usina hidrelétrica de Itaipu, localizada no rio Paraná, na fronteira entre Brasil e Paraguai. Foto de 2015.

Viaduto sobre a avenida Tereza Cristina. Para a construção dessa avenida, o ribeirão Arrudas foi canalizado. Belo Horizonte, Minas Gerais. Foto de 2014.

4 Leia a legenda das fotos **A** e **B** e analise as paisagens retratadas. Depois, desenhe em uma folha avulsa como você imagina esses rios antes das transformações que sofreram. Mostre os desenhos à turma.

5 Converse com os colegas e o professor: Além dos exemplos acima, que outras transformações o ser humano pode provocar em um rio?

Os mares, lagos e oceanos

Os **mares** e **oceanos** são reservatórios naturais de água salgada. Enquanto os oceanos ocupam áreas enormes da superfície terrestre, os mares ocupam porções menores, geralmente ligadas aos oceanos.

Imagem de satélite da Terra, destacando a diferença de tamanho entre o oceano Atlântico e o mar Mediterrâneo.

Comparados aos oceanos, os **lagos** também ocupam áreas menores e podem ser salgados ou não. Eles se formam no interior dos continentes pelo acúmulo de água em áreas rebaixadas do relevo. Há grandes lagos salgados que também são chamados de mares.

Lago Piratuba em uma reserva biológica no Amapá. Foto de 2012.

Nos mares, lagos e oceanos deságuam rios, que carregam materiais provenientes da erosão do relevo, incluindo sais presentes em rochas e no solo. O contínuo depósito de sal ao longo de muito tempo torna salgada a água desses reservatórios.

6 Entre os tipos de reservatório natural de água, escritos no quadro abaixo, circule aquele que pode ser salgado ou não.

| mar | oceano | lago |

✦ Representações

Representação de corpos d'água

Nos mapas, os corpos d'água (rios, lagos, lagoas, mares, oceanos, por exemplo) são sempre representados com a cor azul. Porém, a forma como cada um é representado varia, seguindo as características com que são encontrados na superfície terrestre.

No mapa abaixo, que representa parte do estado do Rio de Janeiro, é possível identificar alguns corpos d'água: um trecho do oceano Atlântico, vários rios e algumas lagoas (pequenos lagos). Com o auxílio da legenda, localize-os e faça um reconhecimento das diferenças entre eles.

Rio de Janeiro e municípios vizinhos: Hidrografia

Fontes de pesquisa: IBGE e Armazém de dados. Disponíveis em: <http://linkte.me/r0f6z>; <http://linkte.me/s3ite>. Acessos em: 9 maio 2016.

Perceba que os rios são representados por linhas azuis; as lagoas, por pequenas manchas azuis (em meio ao continente); e o trecho do oceano Atlântico, por uma mancha azul maior.

- Agora é sua vez. No espaço ao lado, desenhe um mapa imaginário, contendo corpos d'água variados, como rios, lagos, lagoas e oceanos. Lembre-se de colorir. E, se preferir, crie nomes para os corpos d'água.

Agora já sei!

1 As fotos abaixo retratam a água em diferentes paisagens.

A Rio de Ondas no povoado Val da Boa Esperança em Barreiras, Bahia, 2013.

B Lago em Santa Mariana, Paraná, 2013.

C Praia do Cedro em Ubatuba, São Paulo, 2013.

D Geleira Perito Moreno em El Calafate, Argentina, 2012.

a. Em que a paisagem da foto **D** se diferencia das demais?

_____

_____

b. Qual das paisagens é formada por um curso natural de água doce que se desloca continuamente?

_____

_____

2 As ações humanas podem provocar problemas ambientais. Há casos, porém, em que elas podem reverter um problema. Veja.

O rio Tâmisa, que fica em Londres, na Inglaterra, é um exemplo de rio que estava morto e foi recuperado.

Quando o número de indústrias e a população de Londres cresceram demais, o rio Tâmisa foi usado como um verdadeiro depósito de esgoto. Já em 1610, suas águas, antes limpas e cheias de peixes, estavam poluídas. Esse rio, que cruza a cidade, cheirava tão mal que ganhou o apelido de "Grande fedor".

Muito tempo depois, foram construídas estações de tratamento de esgoto, e o rio voltou a viver.

Após vários anos e muito dinheiro gasto nessas estações de tratamento, a ação deu certo: por volta de 1970, voltaram a aparecer peixes no rio.

Rio Tâmisa, Londres. Foto de 2012.

Texto para fins didáticos.

a. Com base no texto, escreva uma definição para "rio morto".

_____

_____

b. Você conhece algum projeto para recuperar áreas que sofreram problemas ambientais? Entreviste seus pais ou outros adultos para descobrir:

- em que município esse projeto está sendo realizado;
- quando começou e qual é seu objetivo;
- quais são as conquistas obtidas até o momento.

■ Na sala de aula, conte à turma as informações que você aprendeu.

sessenta e um **61**

Vamos fazer!

Observar a dinâmica da natureza

Você e seu grupo vão fazer uma modelagem para observar como os elementos da natureza estão relacionados.

Do que vocês vão precisar

- uma caixa grande de papelão, com as laterais baixas
- fita adesiva larga
- dois sacos de lixo grandes
- material de modelar, como massinha, argila ou papel machê
- pequenos galhos de planta
- terra e pedras pequenas
- um regador
- um balde

Como fazer

1. Para tornar a caixa mais resistente, passem a fita adesiva ao seu redor e no fundo. Depois, forrem a caixa com um dos sacos de lixo, prendendo-o com a fita. Peçam ao professor ou a outro adulto que faça um pequeno furo no centro da caixa e do plástico. O furo do saco plástico deverá coincidir com o furo da caixa.

2. Com o material de modelar, representem algumas formas de relevo. Comecem pelas bordas de um dos lados da caixa, representando as montanhas e os morros, depois façam as formas de relevo plano. Ao chegar mais ou menos à metade da caixa, abram o curso de um rio e recomecem a modelar as formas de relevo, indo do rio até as montanhas ou morros. Vejam a ilustração.

3. Joguem sobre as formas de relevo, em ambos os lados, um pouco da terra misturada às pedras pequenas para representar o solo. Apenas de um dos lados, coloquem os pequenos galhos sobre o relevo, fixando-os na massa de modelar, para representar a vegetação. Deixem a outra metade sem vegetação. Apoiem a caixa sobre o balde, de modo que o furo da caixa fique no centro dele.

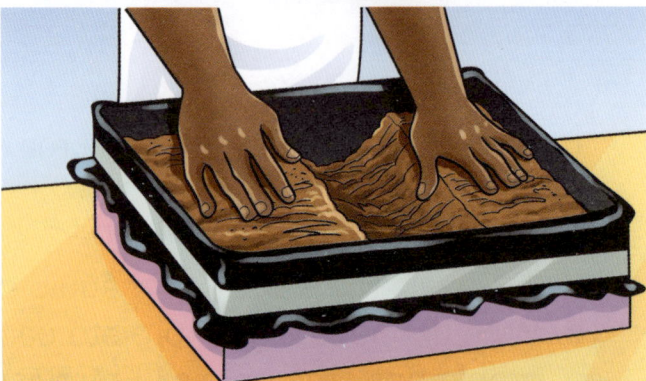

4. Com o auxílio do regador, simulem uma chuva, jogando água lentamente sobre o relevo coberto pela vegetação. Parem de jogar água e observem o caminho percorrido por ela. Verifiquem se a terra, as pedras e os pequenos galhos são transportados pela água. Repitam o procedimento no lado sem vegetação.

5. Após terminarem o trabalho e responderem às questões abaixo, limpem a sala de aula. Com o saco de lixo que sobrou, recolham os materiais que não foram utilizados. Joguem a água em um local adequado e organizem novamente as carteiras, deixando a sala em ordem.

Observação e análise do trabalho

1 Anotem no quadro os resultados da observação do procedimento número 4.

Relevo com vegetação	Relevo sem vegetação

2 Depois de anotarem suas observações, respondam às questões.

a. Em qual lado a água conseguiu carregar mais grãos de terra e pedras pequenas: no lado com vegetação ou no lado sem vegetação?

b. Onde os grãos de terra e as pedras pequenas ficaram depositados?

c. Em qual forma de relevo a erosão foi maior?

O que aprendi?

1 Paula e os pais dela viajaram nas férias e conheceram diferentes lugares do Brasil. Observe as fotos que eles tiraram.

A

Cananeia, São Paulo, 2012.

B

Santana do Riacho, Minas Gerais, 2014.

a. Identifique os tipos de vegetação retratados nas fotos.

_____

b. Que atitudes um visitante deve ter em locais como os retratados acima? Converse com a turma.

2 A vegetação original tem sido muito devastada para a produção de diversos produtos que são consumidos em todo o Brasil. Leia duas sugestões do que podemos fazer para reduzir o problema. Depois, escreva como você também pode contribuir.

- Consumir apenas o necessário.

_____

- Denunciar desmatamentos.

_____

3 A vegetação situada nas margens de rios e lagos recebe o nome de **mata ciliar**. Essa mata é muito importante por várias razões, como tornar as margens dos rios mais resistentes à erosão e evitar que parte do lixo gerado pelos seres humanos chegue até as águas. Observe a foto.

Vista aérea do rio Preguiças e da vegetação ao longo de suas margens. Barreirinhas, Maranhão, 2015.

- Com um colega, reflita sobre a importância da mata ciliar. Em seguida, respondam: O que vocês acreditam que aconteceria com o rio e com o entorno dele, caso essa vegetação fosse retirada de suas margens?

_____
_____
_____

http://linkte.me/l69d5
Nesse *link*, há uma proposta de realização de um experimento para se observar por que a erosão provocada pela chuva faz com que o terreno fique tão desigual. Acesso em: 9 maio 2016.

UNIDADE 3
O tempo atmosférico nas paisagens

Muita ou pouca chuva, sol ou céu encoberto, suave brisa ou ventania. Em um mesmo dia, pode estar quente no período da manhã, chover à tarde e esfriar à noite. O tempo varia, interferindo no dia a dia das pessoas e modificando as paisagens.

- Na paisagem ao lado, como parece estar o tempo: frio ou quente, nublado ou ensolarado? Pinte a área em branco da cena para representar as condições do tempo.

- A imagem representa pessoas realizando atividades variadas. Quais dessas atividades indicam a ocorrência de vento?

- Podemos empregar a palavra **tempo** para descrever quais situações na cena?

- A praia representada está limpa ou suja? Quando visitamos lugares como esse, o que devemos fazer com o lixo produzido?

Saber Ser

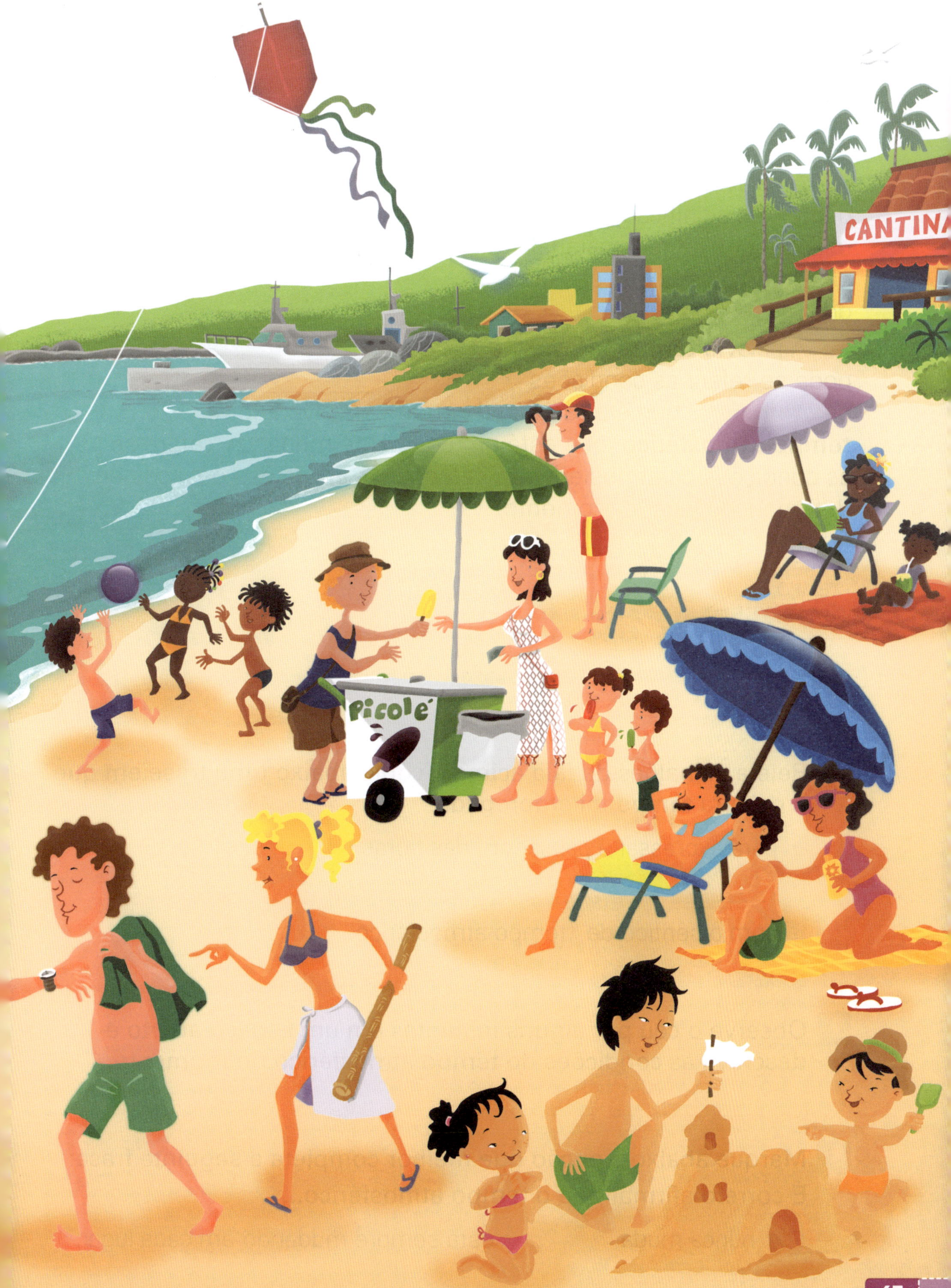
CANTINA
Picolé

CAPÍTULO 1 — **Tempo atmosférico**

A palavra **tempo** possui diferentes significados. Ela é usada, por exemplo, para falar da passagem das horas, dos dias ou dos meses.

A palavra **tempo** também pode se referir às condições da atmosfera, que é a camada de ar que envolve a Terra. Já o **tempo atmosférico**, que está em constante mudança, refere-se às condições da atmosfera que influenciam a vida das pessoas em determinado lugar e momento.

TIAGO, É HORA DE TOMAR BANHO!

O TEMPO PASSOU TÃO DEPRESSA!

HOJE O TEMPO ESTÁ FRIO.

Atmosfera

1 Releia os balões de fala acima e copie abaixo uma frase em que a palavra **tempo** foi empregada:

a. para expressar a passagem das horas.

_____

b. com o sentido de "tempo atmosférico".

_____

2 Observe o céu por alguns instantes em um espaço aberto e descreva as condições do tempo atmosférico no momento.

_____

3 Marque abaixo a opção que melhor completa a seguinte frase: É correto afirmar que o tempo atmosférico...

☐ nunca muda.   ☐ está sempre mudando em cada lugar.

Os fenômenos atmosféricos

As condições do tempo atmosférico são determinadas por um conjunto de fenômenos, como o calor, o frio, o vento e a ocorrência ou não de chuvas.

Geralmente, esses fenômenos podem ser observados e a intensidade deles, que é variável, também pode ser percebida. Contudo, existem equipamentos que permitem medir com precisão a **intensidade** dos fenômenos atmosféricos.

Intensidade: indica se um fenômeno atmosférico ocorre de modo fraco, moderado ou forte.

Na foto **A**, tirada nos Estados Unidos em 2012, o tempo atmosférico está chuvoso e frio. A foto **B**, também tirada nos Estados Unidos, em 2014, retrata chuva e vento forte.

1 Observe com atenção a paisagem retratada na foto **A**.

a. Quais elementos indicam frio e chuva?

_____

_____

b. Também ventava quando a foto foi tirada? O que indica isso?

_____

2 Agora, converse com a turma e explique por que sabemos que o vento estava forte na foto **B**.

sessenta e nove 69

Temperatura atmosférica

A **temperatura atmosférica** indica o quanto o ar está aquecido em determinada parte da atmosfera. Quando a temperatura está alta, isso significa que o ar está bem aquecido, o que também provoca em nosso corpo uma sensação de calor. Na situação inversa, a baixa temperatura indica pouco aquecimento do ar, e é quando sentimos frio.

Para medir com precisão a temperatura do ar, utilizamos o termômetro atmosférico. Esse instrumento indica a temperatura em graus.

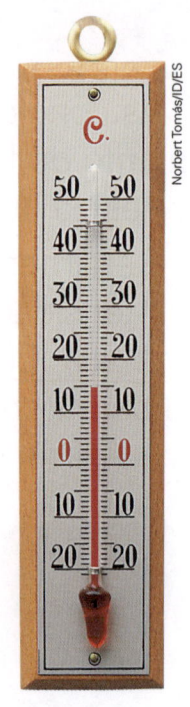

Termômetro atmosférico.

1 Você já pensou em como a temperatura atmosférica pode influenciar o dia a dia das pessoas? Veja os exemplos dessas crianças e responda às questões.

Crianças e adultos se refrescam em parque na Califórnia, Estados Unidos. Foto de 2013.

Crianças brincam em parque em Nova Délhi, Índia. Foto de 2013.

a. Indique abaixo a letra das fotos de acordo com a temperatura atmosférica no momento em que foram tiradas.

☐ Temperatura baixa. ☐ Temperatura elevada.

b. Como a temperatura atmosférica influenciou a brincadeira das crianças? E quais foram as influências sobre a escolha de suas roupas?

Agora, veja outros exemplos de pessoas que se relacionam com a temperatura atmosférica em diferentes situações.

Os inuítes vivem próximos ao polo Norte e usam roupas feitas de peles de animais para se proteger das baixas temperaturas durante todo o ano. Parte deles segue a tradição de pescar e caçar para se alimentar, pois o solo, coberto de gelo, não pode ser cultivado. Baker Lake, Nunavut, Canadá. Foto de 2012.

Em várias comunidades pesqueiras, o calor do sol é usado para secar os peixes e conservá-los sem a necessidade de geladeira. Negombo, Sri Lanka. Foto de 2013.

Nos dias muito quentes do verão, muitas pessoas buscam se refrescar nas águas dos rios. Crianças brincam em Lajeado, Tocantins. Foto de 2013.

Como controlar a temperatura

Em alguns locais, pode fazer muito frio ou muito calor em certos períodos do ano. Dependendo das condições, a temperatura pode provocar grande desconforto nas pessoas ou até mesmo colocar em risco a saúde ou a vida delas.

Não há como controlar a temperatura de toda a atmosfera, mas é possível manter a temperatura do nosso corpo adequada, vestindo roupas de acordo com o tempo atmosférico e fazendo uso das alternativas existentes para aquecer ou resfriar ambientes fechados. Veja dois exemplos dessas alternativas.

Para aquecer o ar em um local fechado, é possível instalar uma lareira ou aquecedores elétricos. Lareira instalada na sala de uma residência na Virgínia, Estados Unidos. Foto de 2013.

O aparelho de ar-condicionado é usado para diminuir a temperatura em ambientes fechados. Ele pode ser instalado no interior de construções ou em veículos.

2 Complete as frases a seguir com as palavras do quadro.

| quente | baixas | altas |

a. Onde moro, há um período do ano em que as lareiras ou os aquecedores elétricos das casas precisam ser acionados, já que as temperaturas ficam muito _____.

b. Vivo em um lugar onde o uso de ventiladores e aparelhos de ar-condicionado reduz o desconforto gerado pelas _____ temperaturas durante o período mais _____ do ano.

3 No lugar onde você vive faz mais frio ou mais calor durante o ano? O que pode ser feito para manter os ambientes com uma temperatura adequada?

Representações

Gráfico de linha

Na tabela ao lado, estão registradas as temperaturas medidas em Montes Claros, Minas Gerais.

A análise dos dados pode ficar mais simples se eles estiverem representados em um **gráfico de linha**, o que favorece a visualização da variação da temperatura.

Veja que, no gráfico, as horas ficam registradas na linha horizontal, que aponta para a direita, e as temperaturas ficam registradas na linha vertical, que aponta para cima. Já a linha vermelha representa a variação da temperatura com o passar das horas.

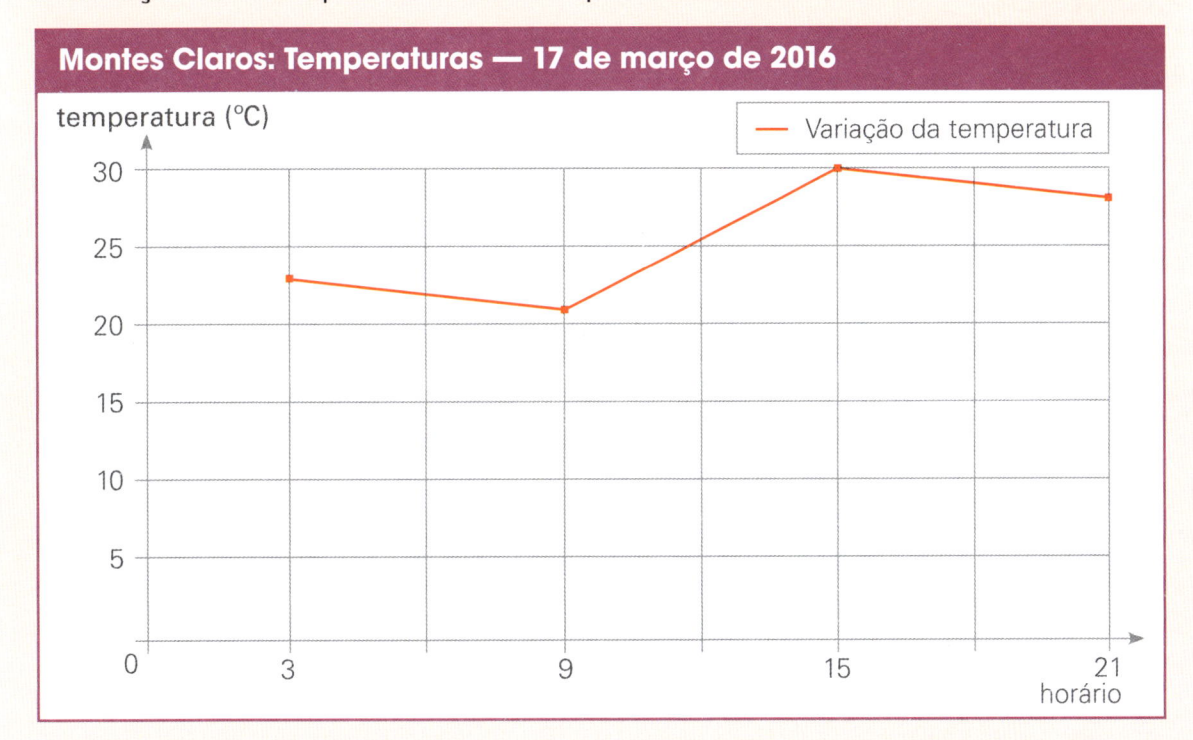

Montes Claros: Temperaturas — 17 de março de 2016	
Horário	Temperatura
3 horas	23 graus
9 horas	21 graus
15 horas	30 graus
21 horas	28 graus

Fonte de pesquisa: Inpe. Disponível em: <http://linkte.me/o502b>. Acesso em: 27 maio 2016.

Montes Claros: Temperaturas — 17 de março de 2016

Da esquerda para a direita, a linha vermelha desce indicando queda da temperatura, depois sobe indicando aumento da temperatura e, por último, desce novamente.

■ Assinale o período em que houve aumento de temperatura.

☐ Das 3 às 9 horas. ☐ Das 15 às 21 horas.
☐ Das 9 às 15 horas.

setenta e três 73

Agora já sei!

1 Leia abaixo um trecho de uma notícia jornalística. Esse tipo de texto informa o leitor sobre algum assunto, neste caso, as condições do tempo no Sul do Brasil.

> O Sul do Brasil amanheceu gelado nesta terça-feira [5 de junho de 2012]. As temperaturas no Rio Grande do Sul ficaram abaixo dos 10 °C até mesmo no litoral gaúcho. Mas o frio desta terça-feira foi só uma prova do que vem por aí. [...] Com o ar muito frio e o aumento da umidade esperado para esta quarta-feira em áreas do Rio Grande do Sul e de Santa Catarina, há possibilidade de queda da neve e, desta vez, o fenômeno poderá ocorrer em áreas baixas, como a Campanha Gaúcha, região da cidade de Bagé, na fronteira com o Uruguai. Também há chance de neve sobre o Uruguai nesta quarta-feira. A previsão é de que, em áreas da Campanha Gaúcha e do planalto, a neve aconteça entre a tarde e a noite desta quarta-feira. Nas áreas serranas do Rio Grande do Sul e de Santa Catarina, e no planalto catarinense, pode nevar entre a noite desta quarta e a madrugada de quinta-feira [...]. A partir da tarde de quinta-feira, a nebulosidade deve se dissipar e não há mais expectativa de neve para o restante do fim de semana [...].

Josélia Pegorim. Frio congelante e neve no Sul do Brasil. Climatempo. Disponível em: <http://linkte.me/z35b2>. Acesso em: 26 jan. 2016.

■ Ter acesso a informações nos mantém atualizados e amplia nossos conhecimentos sobre o mundo. As notícias também podem ser úteis para a organização do nosso dia a dia.

a. Que conhecimentos o leitor da notícia acima pode obter sobre o Sul do Brasil?

b. Após terem lido a previsão do tempo para a quarta-feira e a quinta-feira, como os moradores daqueles lugares podem ter se preparado para esses dias?

c. Você já utilizou a informação de uma notícia para se preparar para algum acontecimento? Conte aos colegas e ao professor.

2 Observe as imagens a seguir e faça o que se pede.

A

B

Na foto **A**, município do Rio de Janeiro, em 2013. Na foto **B**, Campos do Jordão, São Paulo, em 2015.

a. A temperatura atmosférica no momento em que a foto **A** foi tirada estava _____. Já na foto **B** estava _____.

b. Marque a seguir os elementos que ajudaram você a saber do tempo atmosférico em cada lugar.

☐ trânsito ☐ roupas ☐ termômetro

3 Observe as duas ilustrações.

■ Agora dê sua opinião sobre as duas situações, considerando as temperaturas registradas em cada uma delas.

a. As vestimentas do menino estão adequadas?

b. Como ele poderia amenizar o frio durante a noite?

setenta e cinco **75**

CAPÍTULO 2 — Chuvas e ventos

A poetisa Henriqueta Lisboa escreveu alguns poemas em forma de diálogos em que brinca com as palavras. Leia um deles.

– Menino, vem para dentro
Olha a chuva lá na serra
Olha como vem o vento!
– Ah! como a chuva é bonita
E como o vento é valente!
– Não sejas doido, menino
Esse vento te carrega
Essa chuva te derrete!
– Eu não sou feito de açúcar
Para derreter na chuva.
Eu tenho força nas pernas
Para lutar contra o vento!

E enquanto o vento soprava
E enquanto a chuva caía,
Que nem um pinto molhado
Teimoso como ele só:
– Gosto de chuva com vento,
Gosto de vento com chuva!

Henriqueta Lisboa. *O menino poeta*. São Paulo: Peirópolis, 2008. p. 27.

1 Quais dos fenômenos atmosféricos indicados abaixo são mencionados no poema?

☐ Neve.   ☐ Vento.   ☐ Chuva.   ☐ Granizo.

2 Algum acontecimento ligado ao tempo atmosférico já alterou os planos que você tinha?

3 Agora, em grupos, façam uma encenação desse poema. Escolham quem representará o menino e quem fará a mãe dele. Criem também um cenário para a apresentação.

A circulação das águas

Grande parte da água líquida que existe na Terra flui pelos rios e se acumula nos oceanos, nos lagos e nas represas. Mas como a água chega até os locais onde se acumula?

As chuvas têm grande importância na distribuição da água pela superfície da Terra. Elas são responsáveis por abastecer as nascentes de muitos rios. E o curso dos rios leva a água para longe das nascentes, desaguando em lagos ou em oceanos.

Parte da água também está sempre retornando para a atmosfera. Isso ocorre pela **evaporação**: quando a água se transforma em vapor e sobe para a atmosfera. Depois, ela torna a ficar líquida, na forma de gotículas. Por fim, a água volta para a superfície da Terra como chuva. Esse processo se chama **ciclo da água**.

1 Complete as frases a seguir utilizando as palavras do quadro nos espaços correspondentes.

| evaporação | líquido | chuva |

a. A _____ é importante para a distribuição e para a circulação da água na superfície da Terra.

b. A _____ é o fenômeno que transforma a água líquida da superfície da Terra em vapor.

c. A água dos rios, lagos e oceanos está no estado _____.

As chuvas

A **chuva** é um importante fenômeno do tempo atmosférico. Ela contribui para modificar as paisagens e interfere no dia a dia das pessoas. Observe as fotos.

Foto tirada pouco antes da chuva em Florianópolis, Santa Catarina, 2014.

Nesse momento, o tempo estava sem chuva em Florianópolis, Santa Catarina, 2015.

Rua alagada no período de chuvas pela cheia do rio Negro. Manaus, Amazonas, 2015.

No momento em que essa foto foi tirada, não chovia em Manaus, Amazonas, 2015.

2 Preencha o quadro abaixo, descrevendo a influência do tempo atmosférico no dia a dia das pessoas mostrada pelas imagens.

Lugar	Tempo chuvoso	Tempo sem chuva
Florianópolis		
Manaus		

A influência das chuvas na vegetação

Tanto os seres humanos como as plantas e os animais dependem da água para viver e se desenvolver. Por isso, em lugares onde chove muito, são comuns paisagens com bastante vegetação e com a presença de muitas espécies de animais.

Já nos lugares onde chove pouco durante o ano, a vegetação é mais espaçada e menos verde nos períodos mais secos. Assim que a chuva volta a cair, porém, a vegetação começa a ficar verde de novo.

À esquerda, no período chuvoso, as margens do riacho estão ocupadas por vegetação com folhagem verde. À direita, após longo período sem chuvas, as águas do riacho secaram e a vegetação ficou ressecada. Casa Nova, Bahia. Fotos de 2015.

3 As fotos abaixo retratam duas áreas que possuem o mesmo tipo de vegetação, porém, em diferentes épocas do ano. Compare-as.

Período de seca na serra da Capivara em Coronel José Dias, Piauí, outubro de 2015.

Período de chuvas no Parque Nacional da Serra da Capivara, Piauí, abril de 2015.

- Que fenômeno do tempo atmosférico ocasionou a diferença na vegetação dessas paisagens?

Os ventos

Os **ventos** ocorrem com o movimento do ar, que forma a atmosfera, e são um importante fenômeno do tempo atmosférico. Os ventos atuam no deslocamento das nuvens, contribuindo para a distribuição das chuvas, e também ajudam a amenizar a sensação de calor.

Há diferenças, no entanto, com relação à força dos ventos. Os ventos mais fracos podem, por exemplo, deslocar folhas secas caídas de árvores. Já os mais fortes podem ajudar na locomoção de um barco a vela. Mas, se forem muito fortes, como uma ventania, podem provocar estragos como a queda de árvores ou até mesmo destelhar casas.

Estragos causados por fortes ventos que atingiram Porto Alegre, no Rio Grande do Sul. Foto de 2016.

Vento em vilarejo na margem do rio Preguiças em Barreirinhas, Maranhão. Foto de 2012.

■ O aproveitamento dos ventos

A força dos ventos é uma importante fonte de energia, chamada **energia eólica**. No passado, ela era muito utilizada para movimentar as embarcações que atravessavam os oceanos. Hoje, ainda é usada por algumas embarcações, como jangadas, pequenos barcos e veleiros.

A energia eólica também pode ser usada para gerar energia elétrica. A vantagem do vento é que ele é uma fonte de energia que não se esgota com o uso e não contamina o ambiente.

Para gerar energia elétrica a partir da energia eólica, são instalados enormes cata-ventos em locais onde venta bastante. Ao girar, esses equipamentos geram eletricidade, que, depois, é transmitida por cabos até os locais de uso. Na foto, cata-ventos de energia eólica no Rio Grande do Norte, em 2012.

1 Quais são as vantagens da energia eólica? Como ela pode ser utilizada?

_____

2 O professor vai dividir a turma em dois grupos de pesquisa. Após saber qual é seu grupo, siga as orientações abaixo.

Grupo 1 — Os alunos desse grupo vão pesquisar informações sobre o uso que o ser humano faz da força dos ventos.

Grupo 2 — Os alunos desse grupo vão buscar informações sobre destruições provocadas pela força dos ventos.

■ A pesquisa pode ser feita em livros, jornais, revistas, na internet, entre outros. Na sala de aula, cada grupo deve reunir e organizar as informações levantadas e apresentar as descobertas para a turma.

oitenta e um

Agora já sei!

1 Leia as duas notícias a seguir e faça o que se pede.

A Centenas de casas, lojas e prédios públicos [...] às margens do rio Mundaú, no interior de Alagoas, foram destruídos com as cheias que atingiram a região durante o fim de semana. Em todo o estado, 11 400 casas vieram abaixo.
[...] O nível do rio subiu [nas cidades de União dos Palmares e Branquinha] pelo menos cinco metros e devastou tudo o que havia nas margens.

Fábio Guibu. *Folha de S.Paulo*, São Paulo, 22 jun. 2010. Disponível em: <http://linkte.me/cm290>. Acesso em: 10 maio 2016.

B A chuva [...] que caiu ontem, no Cariri [Ceará], renovou as esperanças dos agricultores da região que [...] estavam preocupados com o prolongamento da estiagem. Em algumas regiões, o milho estava murchando em decorrência do sol [...] [ardente] e do forte calor.

Antônio Vicelmo. *Diário do Nordeste*, Fortaleza, 10 fev. 2010. Disponível em: <http://linkte.me/c1683>. Acesso em: 27 jan. 2016.

a. Relacione as notícias com os títulos abaixo.

☐ Agricultores renovam esperanças

☐ Chuva destrói 11 400 casas em Alagoas

b. Qual é o tema comum às duas notícias? _____

c. Com base nas duas notícias, discuta com a turma: Por que o mesmo tipo de fenômeno atmosférico pode representar a salvação ou a tragédia para uma população?

2 A foto ao lado retrata um trecho de oceano e uma parte da atmosfera. Nos dois casos, há a presença de água e ela pode circular entre a atmosfera e o oceano. Como ocorre esse ciclo da água? Responda em uma folha avulsa.

Cairu, Bahia, 2013.

3 Observe novamente a ilustração da página 77, que representa o ciclo da água. Agora, no verso da folha usada na atividade anterior, faça um desenho representando o ciclo da água. Depois, compare seu desenho com o dos colegas.

4 Uma das frases abaixo apresenta informações erradas sobre os ventos. Marque com um **X** a frase incorreta e, em seguida, reescreva-a no espaço indicado, corrigindo suas informações.

☐ Os ventos são fenômenos do tempo atmosférico.

☐ A formação dos ventos ocorre quando o ar permanece parado na atmosfera.

☐ Os ventos podem deslocar as nuvens.

_____

5 Observe os brinquedos abaixo e responda às questões.

a. Dependemos do vento para brincar com quais desses brinquedos?

_____

b. Quais outros brinquedos ou brincadeiras que você conhece dependem do vento?

_____

CAPÍTULO 3 — A previsão do tempo

Devido à importância do tempo atmosférico no dia a dia, os seres humanos sempre observaram os fenômenos atmosféricos para tentar compreendê-los.

Assim, muitas tentativas têm sido feitas para saber com antecedência as mudanças que ocorrerão no tempo. Algumas delas se apoiam em pesquisas rigorosas e apresentam bastante precisão. Outras, apesar de nunca terem sido comprovadas, são valorizadas como conhecimento popular, como mostram os exemplos de previsão do tempo a seguir.

- Mosquitos voando muito de um lado para o outro sem parar, sinal de que vem chuva.
- Cabras tossindo e espirrando, mudança de tempo.
- Andorinha voando baixo: mau tempo. Andorinha voando alto: bom tempo.
- Céu pedrento, é sinal de chuva e vento.
- Quando a galinha não desce do poleiro ao amanhecer, é sinal de que vai chover.
- Névoa na serra, chuva que berra.

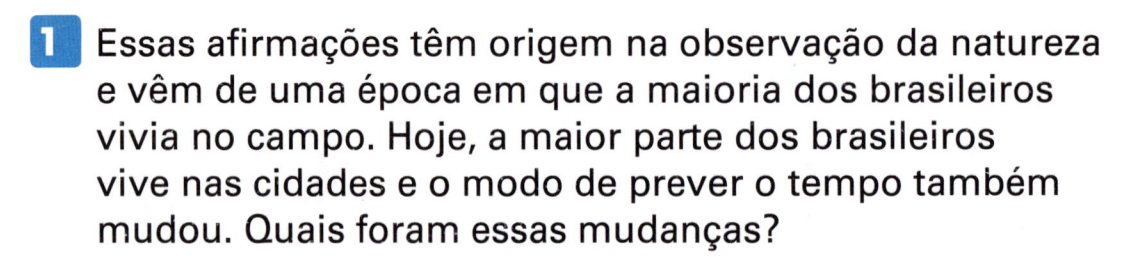

1 Essas afirmações têm origem na observação da natureza e vêm de uma época em que a maioria dos brasileiros vivia no campo. Hoje, a maior parte dos brasileiros vive nas cidades e o modo de prever o tempo também mudou. Quais foram essas mudanças?

2 Em sua opinião, a previsão do tempo apresentada na televisão seria mais confiável do que as previsões populares? Por quê? Compare sua resposta com a dos colegas.

3 Você conhece outras formas populares de prever o tempo? Quais?

A previsão do tempo hoje

Prever o tempo significa verificar a tendência de mudança nas condições de temperatura, chuva e vento, em uma tentativa de antecipar como o tempo ficará nas próximas horas ou dias.

Não é possível prever com absoluta certeza as características futuras do tempo atmosférico. No entanto, os equipamentos e os **conhecimentos científicos** utilizados na previsão do tempo evoluem cada vez mais, aumentando as chances de acerto.

Conhecimento científico: conhecimento obtido por meio de pesquisas e experiências realizadas de modo rigoroso.

Apesar de o conhecimento popular ter mostrado a importância de se observar a natureza para compreender o tempo atmosférico (o que é necessário ainda hoje), equipamentos modernos e pesquisas científicas tornaram a previsão do tempo bem mais precisa.

Na foto, pesquisador opera equipamentos utilizados na previsão do tempo em um laboratório nos Estados Unidos, em 2014.

1 Observe a ilustração abaixo e responda à questão.

■ Já aconteceu de você estar em um passeio ao ar livre e o tempo mudar de repente? Como a previsão do tempo pode contribuir para evitar esse tipo de aborrecimento?

Como é feita a previsão do tempo

Para realizar a previsão do tempo, é necessário entender de que maneira os fenômenos atmosféricos ocorrem. Também é preciso fazer medições e registrar continuamente informações sobre as condições da atmosfera e, assim, verificar como o tempo atmosférico tende a mudar ao longo do ano em cada local.

Com a utilização dos conhecimentos científicos sobre os fenômenos atmosféricos e sobre como a atmosfera se comporta nas diferentes partes da Terra, é possível prever as próximas mudanças no tempo ao analisar as condições do momento.

Vários equipamentos são utilizados para registrar e analisar as informações usadas na previsão do tempo. Veja alguns exemplos.

Para coletar informações sobre o tempo atmosférico, são utilizados equipamentos como o pluviômetro (foto **A**), que mede a quantidade de chuvas em um local, e o anemômetro (foto **B**), que mede a velocidade e a direção dos ventos. Para analisar as informações, são utilizados computadores muito potentes. Na foto **C**, técnico analisa imagens processadas em computadores em um laboratório na França, em 2015.

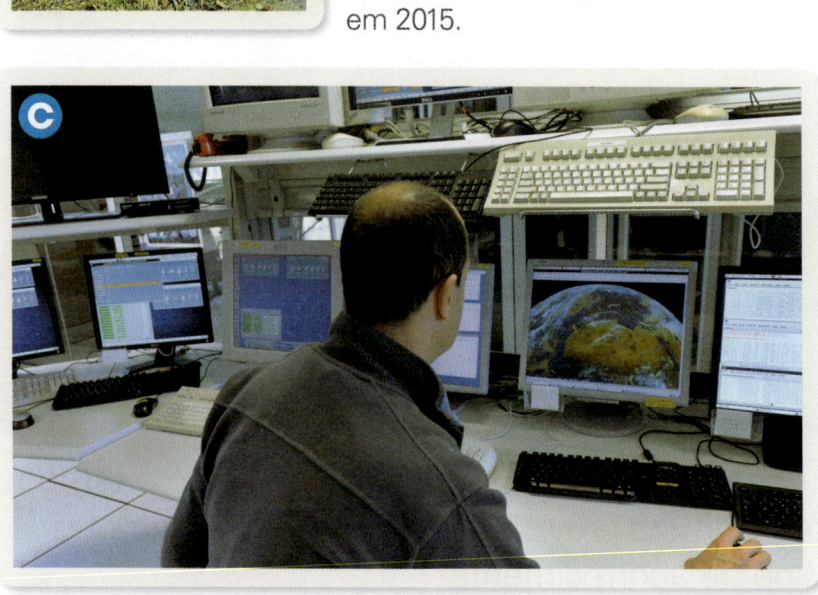

A previsão do tempo e as ações humanas

Às vezes, planejamos um passeio ao ar livre e, no dia marcado, cai uma chuva forte e temos de desmarcar. Em outros dias, saímos cedinho de casa bem agasalhados porque parecia que ia fazer frio e, durante o dia, o tempo fica ensolarado e faz calor.

São situações como essas que tornam a previsão do tempo importante para o dia a dia das pessoas, pois assim elas podem se preparar para as possíveis mudanças de tempo. Planejar as atividades de acordo com o tempo atmosférico também é importante para empresas, fazendas, prefeituras e sistemas de transportes.

Para o agricultor, é essencial, por exemplo, conhecer a época em que as chuvas costumam ocorrer. Na foto, observa-se o preparo da terra para o plantio de horta em São José dos Pinhais, Paraná, em 2014.

Conhecer a velocidade dos ventos e as previsões de tempestade (chuva forte com vento) também pode evitar riscos ao tráfego de aeronaves e de embarcações. Na foto, avião decolando em 2013.

1 Alguma vez você quis saber, com antecedência, como ficaria o tempo? Em caso afirmativo, o que fez para se informar sobre a previsão do tempo? Conte aos colegas e ao professor.

Representações

Símbolos

Para ler corretamente uma representação, como plantas e mapas, precisamos conhecer sua linguagem. Na legenda, é possível identificar o significado das cores, dos símbolos e de outras informações. No mapa abaixo, as principais informações estão representadas por símbolos formados por pequenos desenhos. Mas também há informações escritas. Veja.

Brasil: Previsão do tempo — 15 de dezembro de 2013

Temperatura em °C
Mínima/Máxima

- céu claro
- parcialmente nublado
- nublado
- pancadas de chuva
- chuva
- chuvoso

Fonte de pesquisa: *Folha de S.Paulo*, São Paulo, 15 dez. 2013. Disponível em: <http://linkte.me/j2qnb>. Acesso em: 10 maio 2016.

1 Converse com a turma: Além dos símbolos para indicar se haveria sol ou chuva em algumas partes do Brasil no dia 15 de dezembro de 2013, o que mais a legenda informa? Que recurso foi usado para isso?

2 Para qual das cidades abaixo estavam previstos temperatura máxima acima de 25 °C e dia ensolarado?

☐ Manaus. ☐ Palmas. ☐ Campo Grande. ☐ Curitiba.

Divulgação das previsões

Concluída a previsão do tempo feita pelos especialistas, é importante que ela seja divulgada de modo que todos possam compreendê-la com facilidade. Assim, as pessoas podem planejar as atividades que são influenciadas pelo tempo atmosférico.

Na tela de computador representada abaixo, desenhos semelhantes aos utilizados no mapa da página 88 ajudam na compreensão das informações. Observe.

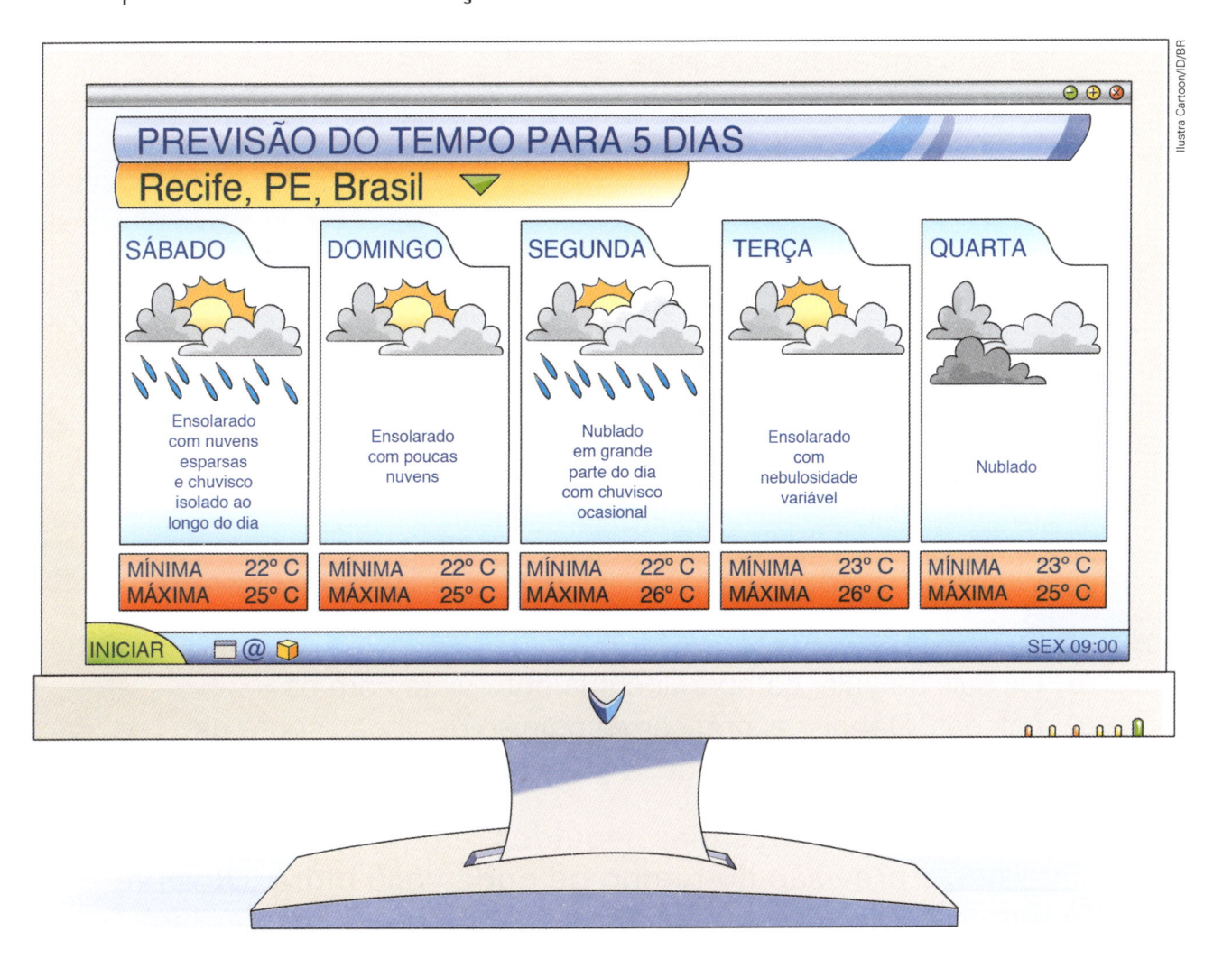

PREVISÃO DO TEMPO PARA 5 DIAS
Recife, PE, Brasil

SÁBADO	DOMINGO	SEGUNDA	TERÇA	QUARTA
Ensolarado com nuvens esparsas e chuvisco isolado ao longo do dia	Ensolarado com poucas nuvens	Nublado em grande parte do dia com chuvisco ocasional	Ensolarado com nebulosidade variável	Nublado
MÍNIMA 22° C	MÍNIMA 22° C	MÍNIMA 22° C	MÍNIMA 23° C	MÍNIMA 23° C
MÁXIMA 25° C	MÁXIMA 25° C	MÁXIMA 26° C	MÁXIMA 26° C	MÁXIMA 25° C

INICIAR — SEX 09:00

1 Converse com os colegas e o professor sobre as questões abaixo.

   a. Você teve dificuldade de compreender as informações transmitidas pelos desenhos? Você conseguiria entender essas informações só pelos desenhos, sem as explicações escritas?

   b. Em sua opinião, para que servem essas informações?

Agora já sei!

1 No começo deste capítulo, na página 84, vimos alguns modos populares de prever o tempo pela observação da natureza.

a. Entreviste uma pessoa mais velha para saber se ela conhece alguma maneira de prever o tempo por meio da observação da natureza.

b. Anote o nome, a idade da pessoa entrevistada e a sua relação com ela. Escreva também o exemplo que ela lhe deu. Veja o modelo ao lado.

> atchim!
>
> Minha entrevistada se chama Ana Silva, ela tem 90 anos e é minha bisavó. Ela gosta muito de observar a natureza e me contou que, na roça, quando os animais espirram muito é porque vai chover.
>
> atchim!

c. Na sala de aula, compartilhe sua entrevista com os colegas. Depois, expressem a opinião de vocês sobre os casos que mais chamaram a atenção.

2 Pesquise durante três dias seguidos, em jornais ou na internet, a previsão do tempo de onde você mora. Observe o tempo e anote na tabela abaixo se o dia foi ensolarado, nublado ou chuvoso.

Dia	Previsão	Tempo
1		
2		
3		

■ Quais previsões se concretizaram? Converse com a turma.

3 Observe as ilustrações e responda às questões.

a. Descreva o que aconteceu com o rapaz.

_____

_____

b. O que ele poderia ter feito para que isso não acontecesse?

_____

_____

4 Desenhe em uma folha avulsa como pode ser o símbolo para indicar a previsão de cada uma das condições do tempo apresentadas a seguir.

- Tempo ensolarado.
- Tempo ensolarado com poucas nuvens.
- Tempo nublado.
- Tempo chuvoso.

5 Muitas cidades brasileiras sofrem com enchentes sempre que chove com grande intensidade. Esta foto ilustra os estragos que as enchentes podem causar. Explique como a previsão do tempo pode ser importante para a população dessas cidades.

Enchente na cidade de Brumadinho, Minas Gerais, em janeiro de 2012.

Vamos fazer!

Observar o tempo atmosférico

Durante cinco dias, você e os colegas de classe vão observar o tempo atmosférico no lugar onde está localizada a escola onde você estudam.

Do que vocês vão precisar

- um termômetro atmosférico (o professor vai providenciar)

Como fazer

1. Na página 135, você e os colegas encontrarão estes símbolos, que representam as condições do tempo.

   ensolarado   nublado    chuvoso

   Vocês usarão esses símbolos durante a realização do trabalho.

2. A tabela abaixo servirá para registrar o que vocês observarem durante a pesquisa. Colem os adesivos da página 135 com os símbolos adequados para indicar as condições do tempo e as temperaturas.

Dia da semana	Condições do tempo		Temperaturas	
	1º horário de observação	2º horário de observação	1º horário de observação	2º horário de observação
Segunda-feira Data: _____				
Terça-feira Data: _____				
Quarta-feira Data: _____				
Quinta-feira Data: _____				
Sexta-feira Data: _____				

3. Observem as condições do tempo e verifiquem as temperaturas durante cinco dias, sempre em dois horários diferentes. Vocês podem fazer essa tarefa no horário de entrada e no horário de saída da escola. Mas atenção: a cada dia, façam as medições sempre nos mesmos horários que foram escolhidos.

4. Anotem as informações na tabela. Escrevam os dias observados, os horários, as condições do tempo (utilizem os adesivos com os símbolos da página 135) e as temperaturas.

Observação e análise do trabalho

1 Na semana seguinte às observações, analisem os dados obtidos e respondam às questões.

a. Em um mesmo dia, ocorreram variações nas condições do tempo? Quais?

b. Que condição de tempo predominou no período observado?

c. Qual foi a temperatura máxima nesse período? E a mínima?

2 Com os dados de temperatura obtidos, construam um gráfico em uma folha avulsa. Na vertical, anotem as datas; na horizontal, as temperaturas.

3 Com a ajuda do professor, coloquem o gráfico em um mural na sala de aula.

O que aprendi?

1 Os alunos da Escola Aprender estavam alegres no dia da excursão ao zoológico. A manhã foi de sol, mas, à tarde, o tempo mudou. Não havia mais sol e a temperatura diminuiu bastante.

a. Identifique a criança que pode ter passado frio durante a visita ao zoológico. Haveria alguma maneira de ajudá-la? Explique.

_____

b. Em sua opinião, os professores e os responsáveis pelas crianças poderiam ter evitado essa situação? Como?

_____
_____

2 Analise com um colega as fotos abaixo.

Estrasburgo, França, em 2012.

Cavalcante, Goiás, em 2015.

a. Como parecia estar a temperatura atmosférica nesses locais? Por quê?

_____
_____

b. Vocês já se banharam em piscinas, rios ou praias em um dia de calor?

_____

c. Além de se banhar, o que vocês costumam fazer para não se sentirem desconfortáveis quando a temperatura é alta?

_____

3 Faça um desenho em uma folha avulsa representando uma forma de aproveitar a força dos ventos.

4 Leia o texto e responda às questões a seguir.

> Enchente não é sempre aquele desastre que você já deve ter visto na TV: cidades inundadas, pessoas e animais ilhados, gente que perde a casa com tudo dentro.
> As enchentes são fenômenos naturais que acontecem em todos os rios.
> Na época das chuvas [...] os rios enchem e alagam as terras em redor, chamadas áreas naturais de inundação. Isso é bom, porque a água deixa a terra mais fértil para o plantio. Mas a ação do homem mudou o curso natural das coisas...
> Antigamente, antes de as cidades se formarem, a água entrava toda na terra. Quando o homem começou a tirar a vegetação e construir casas nas margens dos rios, as enchentes viraram um problemão. Sem as raízes das árvores, que funcionam como esponjas que seguram a água no solo, o volume de água que volta para os rios aumenta muito, e o risco de acontecer uma enchente "desastrosa" aumenta junto.
> As coisas pioraram nas cidades porque os prédios, as casas e o asfalto que recobre as ruas tapam o caminho da água até a terra, a chamada "impermeabilização do solo".
> O lixo jogado nas ruas também contribui para os alagamentos, porque entope os bueiros e faz os córregos transbordarem.
> [...]

Segura que lá vem enchente. Portal Canal Kids. Disponível em: <http://linkte.me/kxwym>. Acesso em: 10 maio 2016.

a. O que são enchentes, segundo o texto?

b. Em que circunstância elas ocorrem?

c. Encontre no texto e anote a seguir quatro situações provocadas pela ação humana que podem agravar o problema das enchentes.

UNIDADE 4
Campo e cidade

Algumas paisagens são típicas do campo, com plantações, animais de criação e áreas com vegetação natural. Outras são encontradas nas cidades, com muitas construções e ruas movimentadas. Observe a imagem ao lado.

- O que você poderia avistar se estivesse no balão azul, olhando para baixo? E se estivesse no balão vermelho, olhando para baixo?

- Localize na imagem a área relativa à cidade e a que corresponde ao campo. Que elementos da paisagem contribuíram para a localização desses espaços?

- Agora, imagine que você faz parte da cena representada ao lado. Você gostaria de sobrevoar o campo ou a cidade? Marque um **X** no círculo dentro do balão que está sobrevoando a área de sua preferência.

97

CAPÍTULO 1 — O campo

Observe a pintura reproduzida a seguir. Nela, você vê uma **paisagem rural**, que costumamos chamar de **campo**.

Na plantação, pintura de Francisco Severino, 2006.

1 O que você observa nessa paisagem?

2 Que elementos da paisagem representada estão relacionados ao trabalho no campo?

3 Como deve ser o modo de vida das pessoas desse local? É parecido com o seu? Comente com os colegas e o professor.

As atividades e as paisagens do campo

As paisagens do campo não são todas iguais. As mais comuns, porém, apresentam plantações, pastagens para animais, matas, estradas de terra e algumas construções.

Entre as construções encontradas no campo, há moradias, que podem formar vilas ou podem ficar afastadas umas das outras, e construções relacionadas às atividades desenvolvidas, como os currais e os estábulos, para abrigar o gado, e os silos, que são grandes reservatórios utilizados para armazenar grãos.

No campo, podem existir indústrias que beneficiam ou transformam artigos agrícolas em novos produtos.

As técnicas e as tecnologias empregadas no campo também modificam suas paisagens. Em plantações de uvas, por exemplo, são usados arames, que ajudam no plantio, nos cuidados e na hora da colheita. Já as plantações mecanizadas possuem formatos adequados à eficiência das máquinas, como no caso dos cultivos de soja, milho e algodão. Veja as fotos abaixo.

As máquinas permitem colheitas mais rápidas do que a colheita manual. À esquerda, colheita de algodão com o uso de máquinas em Costa Rica, Mato Grosso do Sul, 2015. À direita, trabalhador limpa a área de cultivo de algodão em São Desidério, Bahia, 2013.

1 Como cada modo de trabalho retratado nas fotos modifica a paisagem?

2 Qual é o benefício da colheita mecanizada em relação à colheita manual?

Agricultura

O cultivo de plantas usadas na produção de alimentos, de tecidos, de combustíveis e de muitos outros produtos que consumimos no dia a dia é chamado **agricultura**.

A irrigação é um recurso técnico que permite o cultivo durante o ano todo em lugares onde geralmente chove pouco ou apenas em alguns meses do ano. Na foto, sistema artificial de irrigação em Ituaçu, Bahia, 2014.

Depois de limpar e preparar o solo, o agricultor planta as sementes e acompanha seu crescimento. Na foto, plantio manual de milho em São José dos Campos, São Paulo, 2012.

As tarefas envolvidas no trabalho agrícola são muitas: a limpeza do terreno, a preparação do solo, o plantio das sementes, o acompanhamento do crescimento das plantas e a colheita. Alguns trabalhos são feitos somente com as mãos, outros podem ser realizados com o auxílio de ferramentas ou com o uso de máquinas.

3 Complete o quadro com o recurso representado em cada foto.

Foto A	Foto B

4 Complete a frase com a informação correta.

- O recurso técnico que pode permitir o cultivo mesmo em locais onde chove pouco chama-se _____.

Pecuária

A atividade de criar animais para atender às necessidades de alimentação, trabalho ou transporte das populações chama-se **pecuária**.

Vários produtos são obtidos desses animais. Por exemplo, a carne, o leite e os ovos que usamos na alimentação; ou o couro, utilizado na fabricação de bolsas, sapatos, tênis e roupas.

Criação de bois em Grandes Rios, Paraná. Foto de 2015.

Aviário em Cafelândia, Paraná. Foto de 2012.

Criação de porcos em Tunápolis, Santa Catarina. Foto de 2015.

Criação de cabras em Piripiri, Piauí. Foto de 2012.

Criação de ovelhas em Quevedos, Rio Grande do Sul. Foto de 2015.

5 Com a ajuda de um dicionário, escreva abaixo a letra da foto relacionada ao tipo de animal retratado.

☐ gado bovino   ☐ gado ovino   ☐ gado suíno

☐ aves   ☐ gado caprino

Outras atividades

Além da agricultura e da pecuária, no campo podem ser realizadas atividades como o **extrativismo** e o **turismo**.

Salinas Diamante Branco em Galinhos, Rio Grande do Norte. Foto de 2014.

O **extrativismo** consiste na atividade de coleta ou na extração de recursos naturais, sejam eles de origem vegetal, animal ou mineral.

Essa atividade é feita sem a necessidade do plantio ou da criação de animais. Com o extrativismo, é possível obter uma série de produtos que podem ser usados no campo ou na cidade, em diferentes setores produtivos.

O **turismo rural**, ou seja, a visita de populações não nativas a áreas rurais, é uma atividade que se tornou bastante comum.

Ao visitar esses lugares, os turistas buscam atividades de lazer, como ver novas paisagens, conhecer a fauna e a flora, praticar esportes e estar em contato com a natureza.

6 Complete a frase a seguir com o termo correto.

- O _____ é a atividade em que os recursos naturais são extraídos diretamente da natureza, sem a necessidade do plantio ou da criação de animais.

Representações

Representação com quadrículas

Dividir a representação de uma paisagem em quadrículas facilita a localização de seus elementos. Para isso, é necessário reconhecer os elementos encontrados em cada quadrícula. No exemplo abaixo, foram formadas 28 quadrículas.

Cada quadrícula pode ser identificada pelo cruzamento entre a linha e a coluna. As linhas estão identificadas por letras, e as colunas estão identificadas por números. Desse modo, é possível verificar que o Sol se encontra nas quadrículas 6-A, 6-B, 7-A, 7-B.

1 Sabendo que as quadrículas são identificadas por uma letra e um número, observe a ilustração e responda às questões.

a. O que você observa nessa paisagem?

_____

b. Selecione um elemento natural e anote em quais quadrículas ele se encontra.

_____

_____

c. Agora, selecione um elemento humanizado e escreva em quais quadrículas ele está.

_____

Agora já sei!

1 Relacione as frases abaixo às atividades econômicas desenvolvidas no campo.

A. Trabalho de coleta de recursos naturais, como frutos e minerais.

B. Envolve as atividades de criação de animais.

C. Nesse tipo de atividade, o trabalho consiste em preparar a terra, plantar, cuidar da plantação e colher.

D. Nas férias e nos fins de semana, muitas pessoas viajam para o campo a fim de realizar atividades de lazer.

☐ Agricultura ☐ Turismo rural

☐ Extrativismo ☐ Pecuária

2 Agora, faça a correspondência entre as atividades econômicas desenvolvidas no campo da atividade **1** e as fotos a seguir.

Presidente Prudente, São Paulo, 2015.

Macapá, Amapá, 2013.

Visconde de Mauá, Rio de Janeiro, 2014.

Tapera, Rio Grande do Sul, 2013.

3 Em cada parte do Brasil, o espaço rural pode apresentar diferentes paisagens, com elementos relacionados a aspectos naturais e a atividades humanas variadas.

■ Pesquise em jornais, em revistas e na internet imagens que retratem o espaço rural. Recorte ou reproduza essas imagens para serem coladas em uma cartolina, montando um cartaz. Com o professor e os colegas, façam um painel com todos os cartazes. Depois, respondam às questões.

a. Que características dos diferentes espaços rurais retratados é possível identificar nas imagens?

b. Que atividades humanas estão retratadas?

4 Veja as paisagens abaixo e responda.

Aiuruoca, Minas Gerais. Foto de 2013.

Rapel na Pedra da Tartaruga no município do Rio de Janeiro. Foto de 2013.

a. Que tipo de atividade pode estar associado a essas paisagens?

b. Você gostaria de visitar algum desses lugares? Por quê?

cento e cinco **105**

CAPÍTULO 2 — A cidade

Após estudar aspectos do campo, você vai aprender um pouco sobre as **paisagens urbanas**, que são compostas de **cidades**.

Observe a reprodução da pintura abaixo. Preste atenção em como a artista representou as pessoas, as casas, o comércio, os serviços públicos e os outros elementos. Depois, responda às questões.

Acrobacias por alguns trocados, pintura de Helena Coelho, 2005.

1 Faça uma descrição do que você observa nessa pintura. Quais são os elementos que mais chamam sua atenção?

_____
_____
_____

2 Algumas situações representadas na pintura se referem a atividades profissionais. Cite algumas dessas atividades.

_____
_____

As paisagens da cidade

As áreas ocupadas pelas cidades formam o que chamamos de **paisagens urbanas**.

De modo geral, essas paisagens são formadas por grande número de edificações, como casas, prédios, calçadas, ruas e praças.

Muitas edificações são usadas para atividades do comércio e da indústria. Outras são moradias para quem vive na cidade. A circulação entre essas edificações é feita por meio de um conjunto de ruas.

As fotos abaixo mostram duas cidades brasileiras. Observe.

Uberlândia, Minas Gerais, em 2014.

Porto Alegre, Rio Grande do Sul, em 2014.

1 Compare as fotos acima. O que há de semelhante nesses espaços? O que há de diferente? Complete o quadro abaixo.

Semelhanças	Diferenças

2 A afirmação abaixo é correta? Converse sobre ela com os colegas e o professor.

- É comum nas grandes cidades a existência de espaços livres entre as edificações.

As diferenças entre as cidades

As cidades têm características comuns entre si, mas nenhuma é como a outra.

As cidades se diferenciam pela localização, pelo tamanho, pelo número de habitantes, pela forma das construções e pelos problemas que cada uma apresenta. Veja alguns exemplos.

Foto **A** (2012): Barra do Garças, Mato Grosso. Na parte de baixo da foto, na cidade, predominam casas térreas localizadas às margens de dois grandes rios. Foto **B** (2013): Fortaleza, Ceará, é uma grande cidade litorânea, com um importante porto e diversas praias.

Foto **C** (2012): Belém, Pará, é outra cidade grande, próxima a áreas de floresta, banhada por grandes rios e com acesso ao mar. Na foto, multidão se reúne em evento religioso. Foto **D** (2012): São Paulo, assim como muitas cidades brasileiras, apresenta problemas em determinados bairros, como ruas sem asfalto e esgoto a céu aberto.

3 O que mais chamou sua atenção em cada uma das fotos acima? Converse com os colegas e o professor.

Representações

A cidade vista do alto

Há diferentes meios de obter imagens de uma cidade ou de outras áreas vistas do alto, de cima para baixo. Uma delas é por meio de câmeras fotográficas especiais instaladas em aviões.

As fotos obtidas com o uso de aviões são chamadas de **fotos aéreas**. Elas nos permitem observar os detalhes da paisagem e como cada um deles se integra ao conjunto da cidade. As fotos aéreas são utilizadas ainda na elaboração de **plantas**, que são mapas bastante detalhados. Compare abaixo uma foto aérea e uma planta.

- Agora você vai elaborar um desenho como se fosse uma planta. Coloque uma folha de papel vegetal sobre a foto aérea e copie detalhes como o contorno do mar e o traçado das ruas. Depois, compare seu desenho com a planta acima.

As atividades da cidade

As principais atividades econômicas nas cidades estão ligadas à indústria, ao comércio e aos serviços.

▬ Indústria

Por meio da **indústria**, é possível fabricar mercadorias em grande quantidade e em ritmo acelerado.

A maior parte das indústrias está localizada nas cidades, onde se concentram itens importantes para seu funcionamento, como o acesso à energia, às matérias-primas, às ferramentas e às vias de circulação. A presença de trabalhadores e de consumidores também é um fator importante para a localização das indústrias.

Um dos problemas que as indústrias podem trazer para as cidades é a poluição. Caso não seja feito o tratamento adequado, as indústrias podem liberar poluentes no ar e nos rios, além de descartar uma grande quantidade de resíduos sólidos, que causam diversos problemas ambientais.

Trecho com várias indústrias em São Bernardo do Campo, São Paulo. Foto de 2013. Próximo delas, há uma rodovia que facilita o acesso dos funcionários ao local de trabalho, a chegada das matérias-primas e a saída dos produtos já fabricados.

1 Observe novamente a foto acima.

a. De qual ponto de vista ela foi tirada?

b. Conte aos colegas e ao professor que elementos você consegue reconhecer na imagem.

Comércio e serviços

Nas cidades, é por meio do **comércio** que acontecem a compra e a venda de uma grande variedade de produtos, que foram produzidos no campo ou nas próprias cidades. Em geral, os artigos utilizados no dia a dia são adquiridos com o dinheiro que se obtém exercendo determinado trabalho. As atividades de comércio ocorrem em estabelecimentos como lojas, mercados, feiras e *shopping centers.*

As cidades também concentram atividades de **prestação de serviços**, praticadas por profissionais como médicos, cabeleireiros, professores, motoristas, eletricistas, garçons e muitos outros, que atendem tanto à população urbana quanto aos moradores do campo.

Comércio em barracas de rua no centro histórico de Belém, Pará. Foto de 2014.

Rua especializada em serviços de hotéis e restaurantes em Cascavel, Paraná. Foto de 2014.

Agora já sei!

1 Leia o texto e responda às questões.

> No início dos anos 1980, Cubatão, em São Paulo, foi considerado um dos municípios mais poluídos do mundo. As indústrias ali instaladas jogavam diariamente toneladas de gases poluentes no ar. A poluição afetou também as águas e o solo. Os moradores da cidade sofriam com doenças de pele e problemas respiratórios.
>
> A partir de 1985, essa situação começou a mudar. Uma das providências foi obrigar as indústrias a instalar filtros em suas chaminés. Cubatão é hoje um exemplo de que é possível amenizar o problema da poluição.

Texto para fins didáticos.

a. Que problema Cubatão enfrentava no início dos anos 1980?

_____

b. Como esse problema foi amenizado?

_____
_____

c. Que outras atitudes poderiam amenizar esse tipo de problema? Converse com a turma.

Saber Ser

2 Compare as paisagens urbanas das cidades abaixo de acordo com as características retratadas nas fotos.

A Vista aérea de Macapá, Amapá, 2012.

B Vista de Teresópolis, Rio de Janeiro, 2015.

_____
_____

3 Observe as imagens abaixo. Depois, escreva a quais atividades elas estão relacionadas: serviços, comércio ou indústria.

A Serra Talhada, Pernambuco. Foto de 2013.

B Manaus, Amazonas. Foto de 2014.

C Feira de Santana, Bahia. Foto de 2016.

■ Agora indique quais frases caracterizam melhor cada uma das atividades. Insira as letras das fotos ao lado das frases.

☐ Fabricar mercadorias em grandes quantidades.

☐ Compra e venda de mercadorias.

☐ Serviços públicos e consertos em geral.

4 Quais dos itens abaixo podem ser comumente encontrados nas cidades?

☐ Grandes espaços desocupados entre as edificações.

☐ Ruas e avenidas asfaltadas.

☐ Amplas áreas verdes.

☐ Construções aglomeradas.

☐ Extensas áreas de plantação e de criação de gado.

cento e treze **113**

CAPÍTULO 3

Relações entre o campo e a cidade

O campo e a cidade compõem paisagens diferentes, porém entre eles se estabelecem muitas relações. Observe as imagens.

A Plantação de hortaliças em Teresópolis, Rio de Janeiro. Foto de 2013.

B Gado de corte em Xexéu, Pernambuco. Foto de 2015.

C Colheitadeira de milho em Rio Brilhante, Mato Grosso do Sul. Foto de 2012.

D Refeição com alimentos de origem vegetal e animal.

1 Converse com os colegas e o professor.

　a. As fotos **A**, **B** e **C** retratam cenas do campo ou da cidade?

　b. Essas cenas revelam etapas da produção de alguns alimentos que estão no prato da foto **D**. Quais são esses alimentos?

　c. Para que os alimentos cheguem à mesa da maioria dos brasileiros, são necessárias relações entre o campo e a cidade. Por quê?

2 Que alimentos você consumiu hoje? Em sua opinião, para que eles fossem produzidos, houve a necessidade de algum tipo de relação entre o campo e a cidade? Qual?

A circulação de produtos entre a cidade e o campo

A produção e o consumo de diversos produtos envolvem uma série de relações entre o campo e a cidade. Veja, abaixo, uma sequência de ilustrações que mostram as etapas de produção industrial do papel, utilizado na fabricação deste livro e de inúmeros outros produtos.

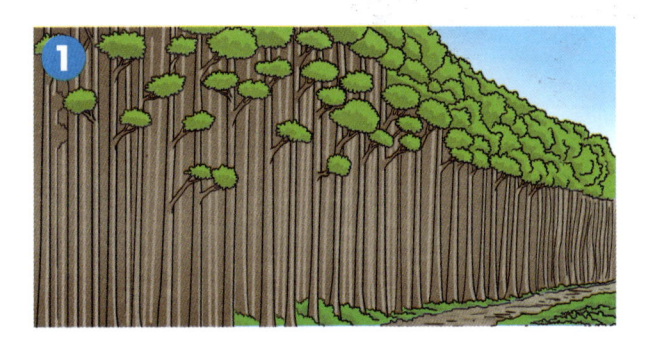

O papel é feito de fibras de origem vegetal, extraídas principalmente de árvores. Por isso, a madeira é chamada **matéria-prima** do papel, isto é, o produto mais importante para sua fabricação.

As árvores das quais essa matéria-prima é obtida são cultivadas em áreas rurais. O papel pode ser produzido tanto artesanalmente como em grande escala, nas indústrias. Após sua produção, o papel é transformado em vários outros produtos, consumidos no campo e na cidade.

1 Liste dois produtos que você conhece. Em seguida, escreva as matérias-primas necessárias para fabricar esses produtos. Foram necessárias relações entre o campo e a cidade? Quais?

_____
_____
_____

Do campo para a cidade

Grande parte dos artigos produzidos no campo é destinada à alimentação da população urbana ou é utilizada como matéria-prima em indústrias instaladas nas cidades.

À esquerda, colheita de maçãs em Caxias do Sul, Rio Grande do Sul, e, à direita, venda de maçãs em feira em Florianópolis, Santa Catarina, em 2013.

2 Os esquemas abaixo mostram algumas etapas da produção de queijos, de panelas de ferro e de camisetas. Observe esses esquemas e, depois, complete o quadro a seguir.

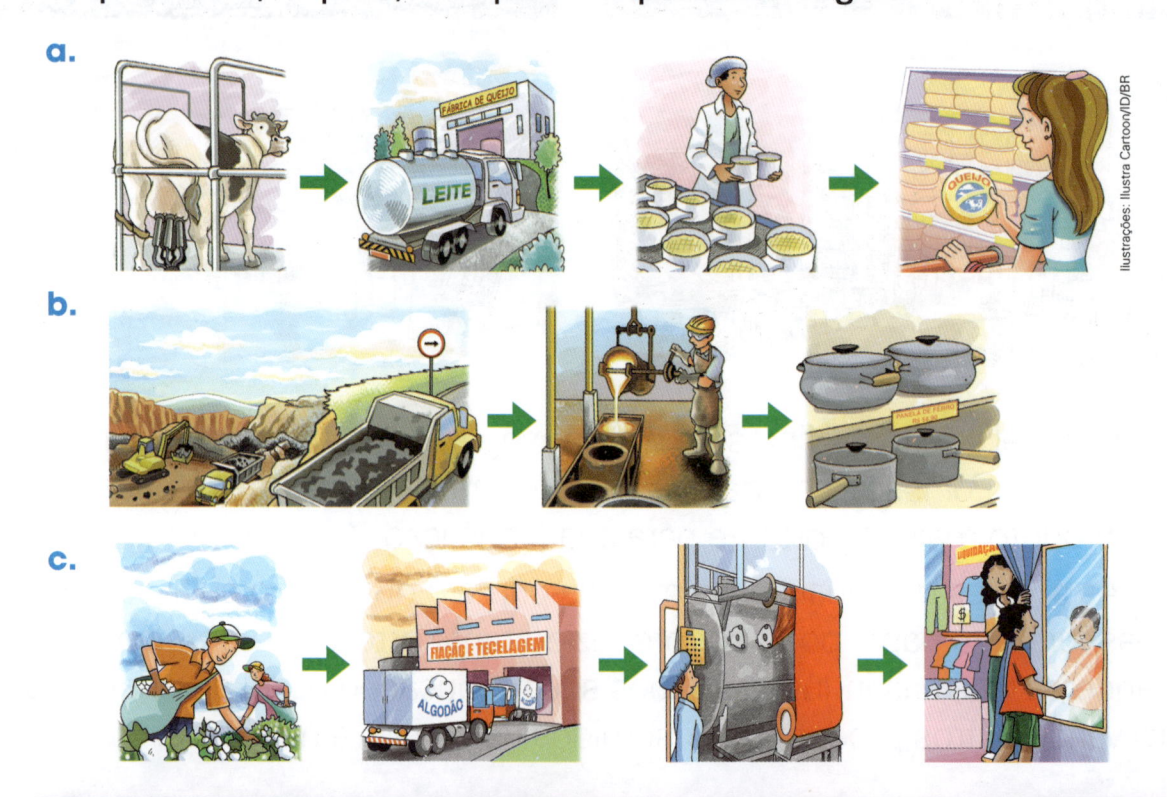

a.

b.

c.

	Atividade para obter a matéria-prima	Matéria-prima	Produto	Onde é consumido
a			Queijos	Campo e cidade
b	Extrativismo mineral	Minério de ferro		
c		Algodão		

116 cento e dezesseis

Da cidade para o campo

As pessoas que moram no campo utilizam produtos fabricados na cidade. Boa parte deles são materiais de limpeza e higiene, eletrodomésticos, roupas, veículos, entre outros.

Na produção rural, os produtos industrializados também são importantes. Em suas atividades agrícolas, muitos trabalhadores utilizam, por exemplo, adubos, ferramentas, tratores e máquinas que foram produzidos nas cidades.

Além desses produtos, as tecnologias de comunicação possuem papel importante na relação entre a cidade e o campo.

Por meio da televisão e do rádio é possível difundir notícias, tanto do campo quanto da cidade. Já os celulares, os computadores e a internet podem, rapidamente, ajudar na comunicação e na busca de informações.

A previsão do tempo e as imagens de satélite, por exemplo, tornaram-se muito acessíveis com o uso dessas tecnologias.

3 Observe as imagens abaixo e, depois, converse com os colegas e o professor sobre as questões a seguir.

Trabalhador rural utilizando computador. Londrina, Paraná, 2015.

Foto de satélite de plantação agrícola em Caldas, Minas Gerais, 2014.

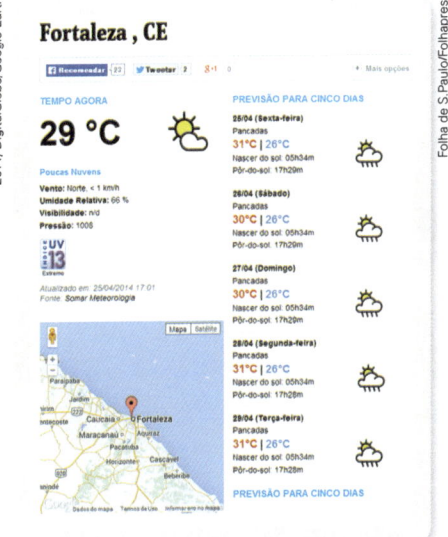

Página da internet com previsão do tempo para Fortaleza, Ceará, 2014.

a. Como esses equipamentos podem ajudar nas tarefas do campo?

b. Que tipo de vantagens tanto a cidade como o campo podem obter com a utilização dessas tecnologias?

A vida entre o campo e a cidade

A maioria dos brasileiros vive nas cidades. E mesmo a população que continua a morar no campo está cada vez mais ligada às cidades.

Muitas pessoas que habitam áreas rurais têm contato com a realidade urbana por meio do rádio, da televisão, da internet e do telefone.

É grande o número dessas pessoas que se deslocam com muita frequência, até mesmo diariamente, do campo para as cidades, onde estudam, trabalham, vão a consultas médicas, fazem compras, passeiam, entre outras atividades.

Os habitantes das cidades também têm contato com a vida no campo e conhecem suas diferentes paisagens. Isso ocorre devido ao crescimento do turismo rural; à melhora dos meios de transporte, que facilitam o acesso ao campo; e aos meios de comunicação, que cada vez mais aproximam as pessoas.

1 Você mora no campo ou na cidade? Agora pense nesse lugar. Do que você mais gosta nele? Desenhe-o no quadro abaixo.

Representações

Gráfico de *pizza*

O **gráfico de *pizza*** ou gráfico de setores representa, de modo simples, as partes que compõem a totalidade de algum item, como população, mercadoria, construções. No exemplo a seguir, o gráfico mostra como a totalidade de brasileiros estava dividida entre habitantes do campo e da cidade em 2010.

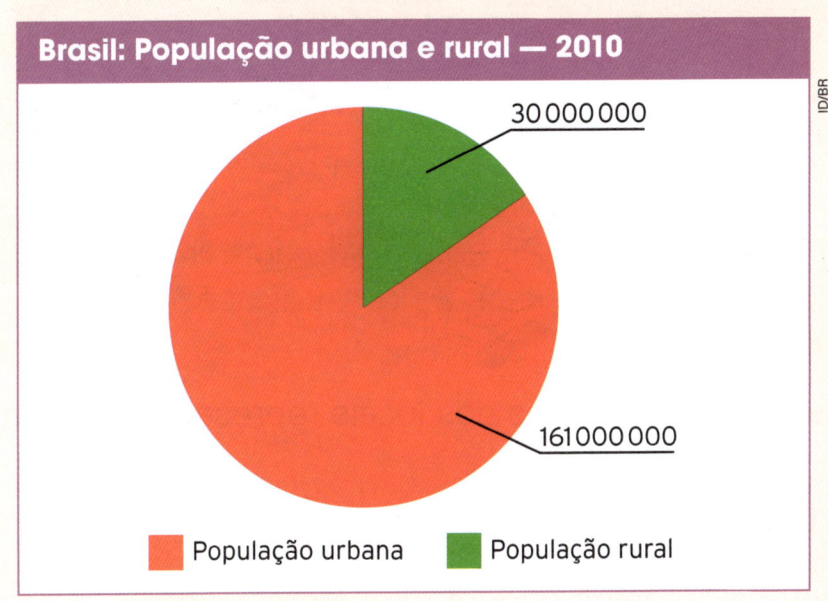

Brasil: População urbana e rural — 2010

- 30 000 000
- 161 000 000
- População urbana
- População rural

Fonte de pesquisa: IBGE. Censo 2010. Disponível em: <http://linkte.me/g385g>. Acesso em: 11 maio 2016.
Observação: Valores arredondados.

Note que os números são bastante grandes, dificultando a comparação. Mas quando vemos o círculo dividido em partes, fica fácil perceber onde morava a maior parte da população brasileira em 2010.

1 Observe as informações do gráfico, incluindo o título e a legenda. Depois responda à questões.

a. O que a cor vermelha na legenda indica?
_____
_____

b. O que a cor verde na legenda indica?
_____
_____

c. Onde morava a maior parte dos brasileiros em 2010?
_____

Agora já sei!

1 A ilustração a seguir mostra uma paisagem composta de campo e cidade.

a. Escreva nos quadrinhos os nomes dos locais representados pelas letras **A**, **B** e **C**.

b. Relacione cada uma das letras com as informações a seguir.

☐ Onde a matéria-prima de origem rural é produzida.

☐ Onde a matéria-prima é transformada.

☐ Onde se compram e vendem produtos.

2 Identifique na ilustração abaixo meios de comunicação que podem levar notícias da cidade ao campo e notícias do campo à cidade. Faça um círculo em cada um deles.

3 Em cada lugar, a convivência leva as pessoas a compartilhar alguns costumes, gostos e jeitos de falar. Por outro lado, cada indivíduo é único, pois possui um conjunto de características que não pode ser encontrado em nenhum outro. Leia o texto e responda às questões a seguir.

> Logo, logo eu já tava procurando fazer amizade com as outras crianças. Ah, não foi fácil, não. Elas riam de mim. Era porque eu falava com um *r* carregado. Era porque eu nunca tinha visto elevador, metrô, revistinha, tênis de marca, *shopping center*. Não demorou muito, elas perceberam que eu era tão sabida quanto elas. Eu sabia andar a cavalo, tirar leite de vaca, fazer queijo, pescar. [...] Sabia subir em árvore e descer o rio de canoa. E sabia contar muita história, história que não tinha nas revistinhas: de saci, bicho do mato, lobisomem, mula sem cabeça e assombração.

Lia Zatz. *O cachecol*. São Paulo: Biruta, 2005. s. p.

a. A personagem do texto se deslocou do campo para a cidade ou da cidade para o campo? Justifique sua resposta.

_____

b. De acordo com a personagem do texto, o que há de semelhante entre ela e as demais crianças?

_____

c. As diferenças entre as crianças do campo e as crianças da cidade nem sempre são como as descritas no texto. E em muitos locais essas diferenças estão diminuindo. Sobre isso, converse com a turma.

- Você saberia dizer, por exemplo, como uma criança do campo poderia ter acesso a revistinhas ou como uma criança da cidade poderia aprender a pescar?

- A personagem do texto disse que, ao chegar à cidade, tentou fazer amizades, mas as crianças riram dela por considerá-la diferente. Você já viveu ou presenciou uma situação como essa? O que você pensa sobre isso?

🩹 Vamos fazer!

Papel reciclado

Há vários tipos de papel. Um deles é o papel reciclado. Já ouviu falar disso? Sabe o que é?

Observe as ilustrações abaixo.

Reciclar é aproveitar o material de um produto que aparentemente não tem mais utilidade e que será descartado e transformar esse material em matéria-prima para a fabricação de novos produtos. Assim, diminui-se a quantidade de resíduos sólidos e também a retirada de recursos da natureza.

O tempo que cada resíduo sólido leva para se decompor na natureza

Papel e papelão
Demoram mais de três meses para se decompor; na reciclagem, podem dar origem a uma agenda escolar, por exemplo.

Plástico
Demora mais de cem anos para se decompor; na reciclagem, pode ser usado na confecção de brinquedos.

Latas de alumínio
Não se decompõem; na reciclagem, podem dar origem a novas latas.

Vidro
Não se decompõe; na reciclagem, pode dar origem a novas garrafas.

O papel reciclado geralmente é produzido em indústrias, mas também pode ser feito em casa. Vamos aprender?

Do que vocês vão precisar

- papéis usados, de vários tipos: folha de caderno, papel sulfite, revistas, jornais, embalagens, entre outros.
- recipientes vazios para cada um dos tipos de papel (podem ser latas, potes plásticos ou de vidro)
- liquidificador
- bacia funda
- peneira de plástico com o fundo plano (ela precisa caber na bacia)
- panos e jornais velhos

Como fazer

1. Com a ajuda do professor, piquem os papéis, colocando cada tipo em uma vasilha com água. Deixem de molho por 24 horas. Coloquem uma xícara desse papel úmido no liquidificador com mais três xícaras de água. Batam até o papel se misturar à água. Não é necessário bater por muito tempo.

2. Coloquem água até a metade da bacia. Joguem a mistura do liquidificador na bacia com água e misturem com a mão. Mergulhem a peneira pela lateral da bacia até o fundo e subam a peneira devagar, sem inclinar. Uma camada de papel vai se formar na peneira. Se quiserem um papel mais grosso, acrescentem mais papel batido à bacia, misturem com a mão e peneirem novamente.

3. Retirem a peneira da bacia. Passem a mão debaixo da peneira várias vezes para escorrer a água. Coloquem a peneira sobre o jornal e deixem secar. Troquem de jornal até ele não molhar mais. Ainda sobre o jornal, cubram a peneira com um pano e apertem para secar a superfície de cima. Troquem de pano até ele não molhar mais.

4. Virem a peneira sobre o jornal seco e batam no fundo dela até a folha de papel se soltar. Se não se soltar é porque ainda está molhada. Sequem-na mais. Deixem essa folha entre jornais secos até o dia seguinte. Ela estará pronta para ser usada como vocês preferirem.

cento e vinte e três **123**

O que aprendi?

1 Siga o roteiro abaixo e entreviste uma pessoa que trabalhe. Copie as perguntas em uma folha avulsa, deixando espaço para escrever as respostas.

- Qual é seu nome, idade e profissão?
- Trabalha no campo ou na cidade? Em que atividade?
- De que você mais gosta no trabalho que realiza? De que você menos gosta?

a. Na sala de aula, conte aos colegas o que descobriu e ouça o que eles têm a contar.

b. Com o professor, utilize a tabela abaixo para registrar as informações levantadas por todos os alunos.

Ramo de atividade em que os entrevistados trabalham					
Agricultura	Pecuária	Extrativismo	Indústria	Comércio	Serviços

c. Onde trabalha a maioria dos entrevistados? E a minoria?

2 Observe a ilustração e circule: de azul um produto cuja matéria-prima seja obtida por meio do extrativismo vegetal; de vermelho, dois produtos provenientes da agricultura; e de verde, dois produtos obtidos da pecuária.

3 Leia o texto abaixo e depois responda às questões.

Um dia uma galinha ruiva encontrou um grão de trigo.
– Quem me ajuda a plantar este trigo? – perguntou aos seus amigos.
– Eu não – disse o cão.
– Eu não – disse o gato.
– Eu não – disse o porquinho.
– Eu não – disse o peru.
– Então eu planto sozinha – disse a galinha. – Cocoricó!
E foi isso mesmo que ela fez. Logo o trigo começou a brotar e as folhinhas, bem verdinhas, a despontar. [...]
– Quem me ajuda a colher o trigo? – perguntou a galinha aos seus amigos.
– Eu não [...]
– Então eu colho sozinha – disse a galinha. – Cocoricó! [...]
E foi isso mesmo que ela fez. [...]
– Quem me ajuda a levar o trigo ao moinho? [...]
– Eu não [...]
– Então eu levo sozinha – disse a galinha. – Cocoricó! [...]
A galinha ruiva assou a farinha e com ela fez um lindo pão.
– Quem quer comer esse pão? – perguntou a galinha.
– Eu quero! [...]
– Isso é que não! Sou eu quem vai comer esse pão! – disse a galinha. – Cocoricó!
E foi isso mesmo que ela fez.

William J. Bennett (Org.). *O livro das virtudes para crianças*. Rio de Janeiro: Nova Fronteira, 1997. p. 42-43.

a. Que matéria-prima é usada para fazer o pão? E do que ela é feita?

_____

_____

b. Sublinhe no texto cada uma das atividades que a galinha realizou sozinha até a produção do pão.

c. Converse com os colegas e o professor sobre as atitudes tomadas por todos os animais da história.

Sugestões de leitura

Unidade 1

Plantando as árvores do Quênia, de Claire A. Nivola. Edições SM.

O livro conta a história da ambientalista queniana Wangari Maathai, fundadora de um movimento popular que plantou milhões de árvores no Quênia.

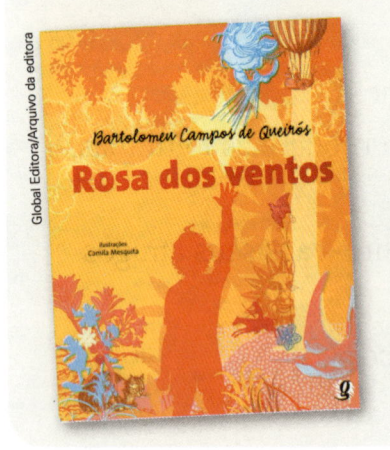

Rosa dos ventos, de Bartomoleu Campos de Queirós. Global Editora.

Com um rico imaginário e grande sensibilidade, esse livro vai além do conhecimento dos pontos cardeais e propõe ao leitor uma reflexão sobre estar no mundo.

Unidade 2

Brasil 100 palavras, de Gilles Eduar. Editora Companhia das Letrinhas.

O livro apresenta curiosidades e aspectos marcantes das paisagens brasileiras e suas principais formações vegetais, que abrigam enorme diversidade de plantas e animais adaptados às diferentes condições de clima, relevo e solo.

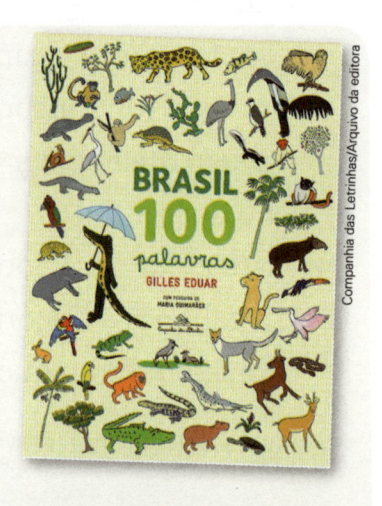

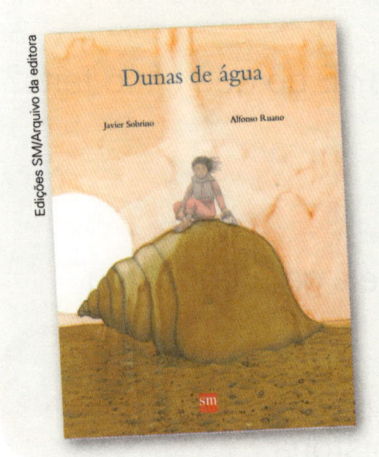

Dunas de água, de Javier Sobrino. Edições SM.

A pequena Zohra é uma menina tuaregue que vive no deserto e sonha em conhecer o mar, seus sons, a espuma de suas águas e seus peixes. O sonho é compartilhado com seu pai, um mercador de sal. Leia essa história de contrastes entre paisagens do mar e do deserto, entre sonho e realidade.

Unidade 3

Água, visível e invisível, de Hae Sook Sung. Callis Editora.

Em um passeio cheio de descobertas pelo parque, na companhia de seus pais, uma menina descobre como a água é especial. Ela passa a compreender as transformações da água, suas várias formas e sua presença nos mais diversos lugares.

Unidade 4

Do campo à mesa: o caminho dos alimentos, de Teddy Chu. Editora Moderna.

Além de ensinar algumas receitas, esse livro mostra os caminhos da produção dos alimentos que chegam até nossas mesas, indicando os trabalhos das pessoas envolvidas, do plantio à colheita, da criação de animais à distribuição dos alimentos.

O menino e o boi do menino, de Cyro de Mattos. Editora Biruta.

O livro conta uma história comovente de amizade entre o boi Pintado e um menino em um sítio. Ao narrar a separação dos dois amigos, a história revela a força dos laços afetivos entre pessoas e animais com uma linguagem poética.

Bibliografia

Almanaque Abril 2010. São Paulo: Abril, 2010.

ALMEIDA, Rosângela Doin de. *Do desenho ao mapa*: iniciação cartográfica na escola. São Paulo: Contexto, 2001.

_____; PASSINI, Elza Y. *O espaço geográfico*: ensino e representação. 12. ed. São Paulo: Contexto, 2002.

ANDRADE, M. C. de. *Caminhos e descaminhos da geografia*. 3. ed. Campinas: Papirus, 1989.

ASSOCIAÇÃO DOS GEÓGRAFOS BRASILEIROS. *Projeto "O Ensino da Cidade de São Paulo"*. São Paulo: AGB, 2000.

BRASIL. Ministério da Educação e do Desporto. Secretaria de Educação Fundamental. *Parâmetros curriculares nacionais* (1ª a 4ª séries). Brasília: MEC/SEF, 1997. v. 1, 5, 8 e 10.

CARLOS, Ana F. A. (Org.). *Geografia na sala de aula*. São Paulo: Contexto, 2007.

CASTELLAR, Sonia (Org.). *Educação geográfica*: teorias e práticas docentes. São Paulo: Contexto, 2005.

CASTROGIOVANI, Antonio Carlos (Org.). *Geografia em sala de aula*: práticas e reflexões. Porto Alegre: Ed. da UFRGS-AGB, 2004.

CAVALCANTI, Lana de Souza. *Geografia, escola e construção de conhecimentos*. Campinas: Papirus, 1998.

CHIANCA, Rosaly M. B. *Mapas*: a realidade no papel. São Paulo: Ática, 1999.

CONTI, José Bueno. *Clima e meio ambiente*. 6. ed. São Paulo: Atual, 2005.

DIAS, Rubens Alves et al. *Uso racional da energia*: ensino e cidadania. São Paulo: Ed. da Unesp, 2006.

FALLEIROS, Ialê; GUIMARÃES, Márcia Noêmia. *Os diferentes tempos e espaços do homem*. São Paulo: Cortez, 2005.

FERREIRA, Aurélio Buarque de Holanda. *Dicionário Aurélio mirim*: dicionário ilustrado da língua portuguesa. Curitiba: Positivo, 2005.

FLORENZANO, Tereza Gallotti. *Imagens de satélite para estudos ambientais*. São Paulo: Oficina de Textos, 2002.

INSTITUTO BRASILEIRO DE GEOGRAFIA E ESTATÍSTICA (IBGE). *Anuário estatístico do Brasil*. Rio de Janeiro: IBGE, 2003. v. 62.

_____. *Atlas do censo demográfico 2010*. Rio de Janeiro: IBGE, 2013.

_____. *Atlas geográfico escolar*. 6. ed. Rio de Janeiro: IBGE, 2012.

_____. *Meu primeiro atlas*. 4. ed. Rio de Janeiro: IBGE, 2012.

INSTITUTO SOCIOAMBIENTAL (ISA). *Povos indígenas do Brasil 1996-2000*. São Paulo: ISA, 2001.

LACOSTE, Yves. *A geografia serve, antes de mais nada, para se fazer guerra*. Lisboa: Iniciativas Editoriais, 1977.

MAGALHÃES, Maria do Rosário Alves. *Uma análise crítica da prática do ensino de geografia nas quatro últimas séries do ensino fundamental, nas escolas públicas estaduais da zona urbana de Caxias-MA*. 1999. Monografia – Caxias.

MARTINELLI, Marcelo. *Gráficos e mapas*: construa-os você mesmo. São Paulo: Moderna, 1998.

MENDONÇA, Sonia Regina de. *A industrialização brasileira*. 2. ed. São Paulo: Moderna, 2004.

MORAES, Antonio Carlos Robert. *Geografia*: pequena história crítica. São Paulo: Annablume, 2003.

OLIVEIRA, Ariovaldo Umbelino de. *Para onde vai o ensino de geografia?* São Paulo: Contexto, 2005.

PENTEADO, Heloísa Dupas. *Metodologia do ensino de história e geografia*. São Paulo: Cortez, 2009.

PEREIRA, Raquel Maria Fontes do Amaral. *Da geografia que se ensina à gênese da geografia moderna*. 3. ed. rev. Florianópolis: Ed. da UFSC, 1999.

PIAGET, Jean; INHELDER, Bärbel. *A representação do espaço na criança*. Porto Alegre: Artmed, 1993.

PINHEIRO, Antonio Carlos. *O ensino de geografia no Brasil – Catálogo de dissertações e teses (1967-2003)*. Goiânia: Vieira, 2005.

REVISTA *Fórum*, São Paulo, Publisher Brasil, ano 5, n. 52, 2007.

REVISTA *Olhares e Trilhas*, Uberlândia, Edufu, ano 1, n. 1, 2000.

ROSA, Antônio Vítor. *Agricultura e meio ambiente*. São Paulo: Atual, 1998.

ROSS, Jurandyr L. S. (Org.). *Geografia do Brasil*. São Paulo: Edusp, 2005.

SANTOS, Milton. *A natureza do espaço*: técnica e tempo, razão e emoção. São Paulo: Edusp, 2008.

_____. *Pensando o espaço do homem*. São Paulo: Edusp, 2004.

_____. *Por uma outra globalização*: do pensamento único à consciência universal. Rio de Janeiro: Record, 2004.

SCHÄFFER, Neiva Otero et al. *Um globo em suas mãos*: práticas para a sala de aula. Porto Alegre: Ed. da UFRGS, 2005.

SIMIELLI, Maria Elena. *Geoatlas*. São Paulo: Ática, 2009.

SPÓSITO, Eliseu Savério. *A vida nas cidades*. 2. ed. São Paulo: Contexto, 2004.

VESENTINI, José William. *Para uma geografia crítica na escola*. São Paulo: Ática, 1992.

VIEIRA, Malu. *Arte em papel*: dobradura na sala de aula. São Paulo: Moderna, 1998.

Recortar

Página 33 › **Atividade 2**

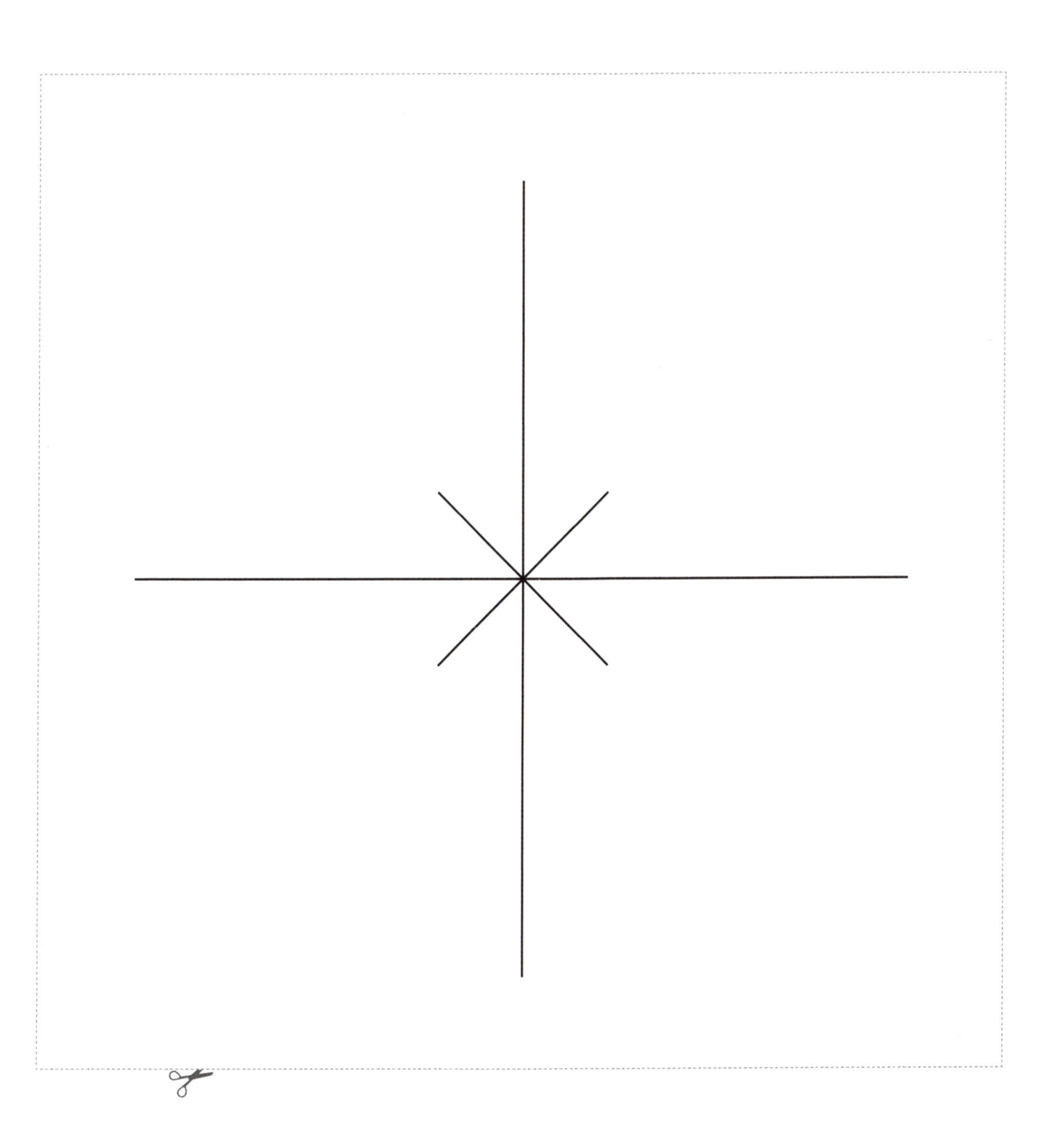

Destacar

Página 22 › **Atividade 2**

1

2

3

cento e trinta e um **131**

Destacar

Páginas 38 e 39 › **Atividade de abertura da unidade 2**

	1	2	3
A			
B			
C			
D			

cento e trinta e três **133**

Destacar

Página 92 › **Vamos fazer!**

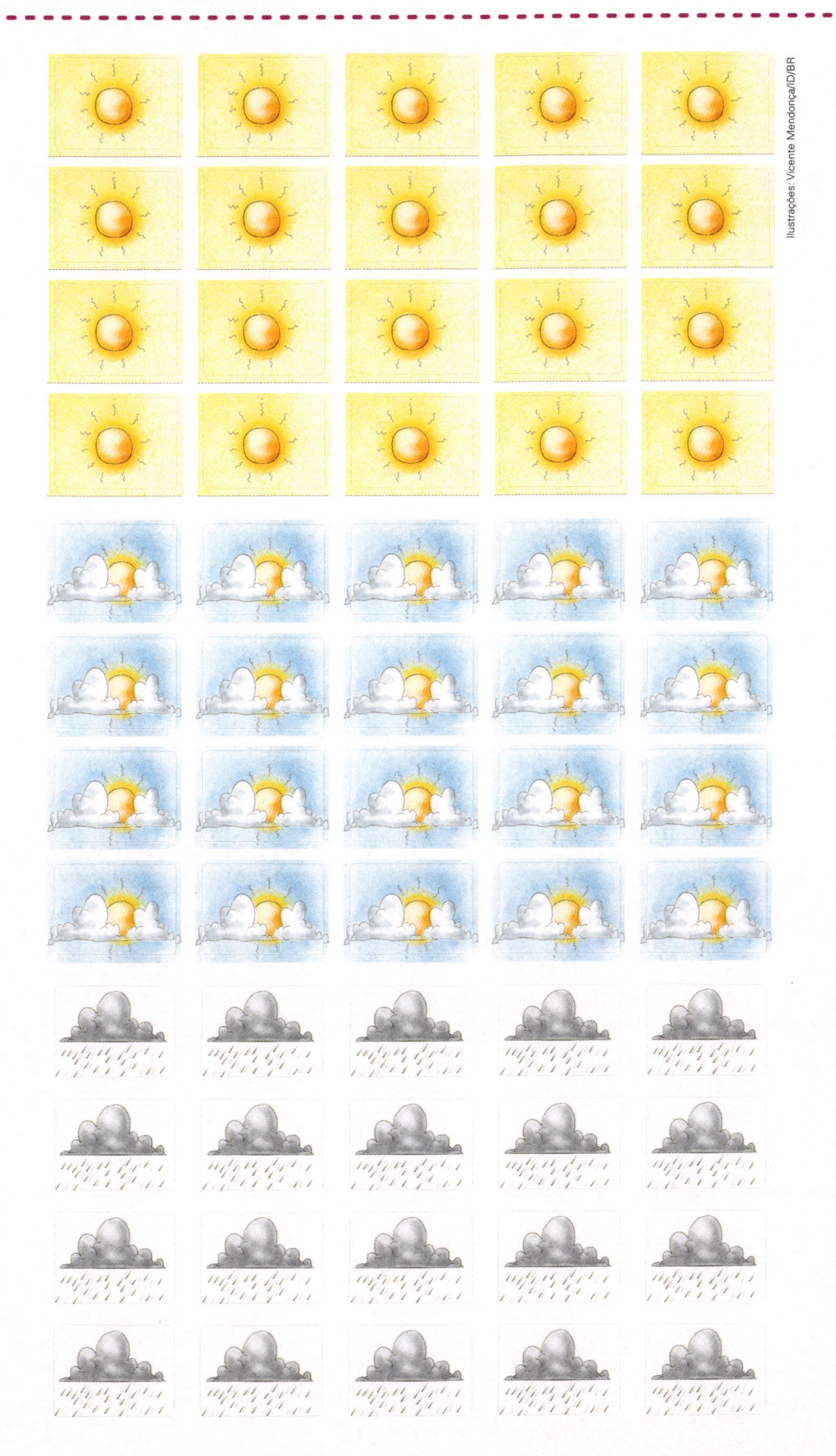

Ilustrações: Vicente Mendonça/ID/BR

cento e trinta e cinco 135